Droit pénal et procédure pénale

Les Annuels du droit

collection dirigée par

Yves Jégouzo

professeur
à l'Université Panthéon-Sorbonne (Paris I)

- **Introduction au droit et droit civil**
- **Droit civil : les obligations**
- **Droit constitutionnel et institutions politiques**
- **Droit administratif**
- **Droit pénal et procédure pénale**
- **Droit des affaires et droit commercial**

Droit pénal et procédure pénale

sous la direction de

Thierry Garé

professeur
à l'Université des sciences sociales (Toulouse I)

Catherine Ginestet

maître de conférences
à l'Université des sciences sociales (Toulouse I)

2003

- **Une année d'actualité commentée**
- **Les annales corrigées des examens 2003**
- **La méthodologie de chaque épreuve écrite**

DALLOZ

DALLOZ

31-35, rue Froidevaux, 75685 Paris Cedex 14

avant-propos : les Annuels du droit

La collection des Annuels du droit a comme ambition de fournir aux étudiants des DEUG et licences de droit et d'administration économique et sociale, des Instituts d'études politiques et à ceux qui préparent des concours un nouvel outil de travail *complétant les manuels, revues et autres ouvrages qui sont déjà à leur disposition. Dans ce but, les Annuels du droit réunissent, en un seul ouvrage, les conseils et exemples méthodologiques primordiaux pour réussir des études de droit et la documentation d'actualisation qui constitue le complément indispensable des cours.*

Un ouvrage de méthodologie

Après une présentation synthétique de la discipline concernée, les Annuels du droit exposent la méthodologie nécessaire pour préparer, rédiger et réussir une dissertation, un commentaire d'arrêt ou de texte ou une étude de cas. Ils comportent également des indications sur la recherche documentaire et bibliographique. Rédigés par l'auteur principal de l'ouvrage, ces conseils sont conçus en fonction des spécificités de la discipline étudiée.

Ces indications de méthode sont accompagnées des corrigés d'une dizaine de sujets réellement donnés dans diverses universités françaises au cours des sessions d'examen de l'année universitaire 2002-2003. Rédigées par les enseignants qui ont donné ces sujets, ces « annales choisies » viennent illustrer les conseils de méthodologie concernant les différentes épreuves.

L'actualité juridique 2002-2003

Le droit est une discipline, par nature, très évolutive ; les analyses théoriques, les réponses pratiques aux principaux problèmes de la vie juridique dépendent très largement des modifications législatives les plus récentes et des grands arrêts qui entraînent un changement de la jurisprudence. Pour tenir compte de cette donnée majeure de la science juridique, les Annuels du droit mettent à la disposition des étudiants l'essentiel de l'actualité juridique d'une matière. Ils rendent compte des principaux événements juridiques de l'année 2002-2003, ayant fait l'objet d'un commentaire ou d'une analyse dans une des revues publiées par les éditions Dalloz : Recueil Dalloz, L'Actualité juridique – Droit administratif, Revue française de droit administratif, Revue trimestrielle de droit civil, Revue des sociétés, Revue trimestrielle de droit commercial et de droit économique, Revue de sciences criminelles et de droit comparé. *Les Annuels du droit regroupent ainsi les grandes décisions de jurisprudence de l'année accompagnées des notes ou des conclusions des auteurs les plus éminents, ainsi que les principales réformes législatives commentées.*

Les lecteurs des Annuels du droit disposent, ainsi, d'une documentation d'actualité qui vient compléter le cours et faciliter la préparation tant des travaux dirigés que des concours.

introduction : le droit pénal et la procédure pénale

Les contraintes pédagogiques et les programmes des universités imposent de traiter séparément le **droit pénal** et la **procédure pénale**, de scinder artificiellement les règles de fond et les règles de forme. Si ces matières font l'objet de cours magistraux différents, elles n'en sont pas moins **étroitement liées**. En conséquence, c'est s'exposer à de graves incompréhensions que de cloisonner intellectuellement ces deux disciplines. Il existe entre elles en effet une étroite imbrication, le droit pénal étant essentiellement judiciaire. Contrairement au droit civil, un procès est nécessaire à sa mise en œuvre. Il y a donc des correspondances entre les deux disciplines ; de grands principes (principe légaliste), d'importantes notions (classification tripartite) vont se retrouver dans les deux matières. Cette interdépendance s'explique par le but poursuivi qui est en effet de répondre au phénomène criminel. Le procès pénal est donc le trait d'union indispensable entre l'infraction et la peine (cf. Pradel, *Procédure pénale*, 10e éd., Cujas, 2000, p. 14).

Plus particulièrement cependant, le droit pénal est constitué de l'ensemble des règles de droit ayant pour but la sanction des infractions. Il se subdivise d'une part en droit pénal général posant les principes de la théorie générale de la responsabilité pénale, les règles régissant l'incrimination et la sanction, d'autre part en droit pénal spécial précisant les éléments constitutifs et la pénalité de chaque infraction prise isolément. Ainsi, « le droit pénal général est au droit pénal spécial ce que le droit civil des obligations est au droit des contrats spéciaux » (cf. J.-H. Robert, *Droit pénal général*, 5e éd., PUF, coll. « Thémis droit privé », 2001, p. 59). La procédure pénale a quant à elle pour objet la réglementation du procès pénal dans son ensemble, de la phase d'enquête au jugement en passant par l'instruction préparatoire. Elle réglemente ainsi la constatation des infractions, la recherche des preuves et la condamnation des personnes ayant participé à la réalisation de l'infraction. Elle assure enfin l'organisation et le fonctionnement des juridictions répressives.

La **caractéristique commune** à ces deux branches du droit est d'être soumises au principe légaliste puisqu'elles menacent directement les libertés individuelles. La difficulté pour le législateur consiste par ailleurs à maintenir un fragile équilibre entre l'indispensable protection des libertés individuelles et l'efficacité tout aussi nécessaire de la répression. La sévérité d'un système répressif doit ainsi faire l'objet d'une appréciation globale ; en présence de règles de fond relativement libérales, l'impression de rigueur est prédominante quand la procédure ne laisse que peu de place aux droits de la défense par exemple (Th. Garé et C. Ginestet, *Droit pénal et procédure pénale*, 2e éd., Dalloz, Hypercours, 2002, n° 12 et s.).

Les principales **sources** de ces deux droits sont **législatives.** Le droit pénal a fait l'objet d'une nouvelle codification avec les quatre lois du 22 juillet 1992, complétées par la loi d'adaptation du 16 décembre 1992, contenues dans ce qu'il est convenu d'appeler le nouveau Code pénal, entré en vigueur le 1er mars 1994. Ce dernier fait une présentation matérielle plus moderne de la discipline ; il procède à un toilettage de certaines définitions comme celle de démence se transformant en trouble psychique ou neuropsychique. Tout en introduisant des nouveautés importantes comme les crimes contre l'humanité, le délit de mise en danger d'autrui et la responsabilité pénale des personnes morales, une continuité certaine le rattache au Code napoléonien de 1810. À ce titre, il consacre des solutions jurisprudentielles établies, notamment le principe de l'interprétation stricte de la loi pénale et la soustraction frauduleuse d'énergie assimilée au vol. Abrogeant le Code d'instruction criminelle de 1808, le Code de procédure pénale actuel est toujours celui qui fut promulgué en 1958, même si le texte a plusieurs fois été remanié en profondeur avec les vagues de réformes de 1993 et de 2000 par exemple. L'inflation législative est galopante singulièrement en procédure pénale, les textes revenant inlassablement sur les mêmes questions qui soulèvent des problèmes récurrents, la garde à vue et la détention provisoire en sont de bons exemples. Le droit pénal général n'échappe pas à ce mouvement, ainsi l'article 121-3 relatif à l'élément intentionnel de l'infraction a-t-il été réformé en 1992, en 1996 et en 2000. Chaque nouvelle intervention du législateur compliquant d'ailleurs un peu plus la notion de faute pénale.

Aussi importants soient-ils, les deux codes ne contiennent pas l'intégralité de la matière pénale. Un certain nombre de dispositions, relevant il est vrai du droit pénal spécial et non plus du droit pénal général, se trouvent ailleurs (dans le Code de commerce, le Code de la consommation, l'ordonnance de février 1945...) ce qui ne facilite pas l'appréhension générale de l'ensemble.

Enfin, l'influence du **droit conventionnel** issu de la Convention européenne de sauvegarde des droits de l'homme et des libertés fondamentales, signée en 1950 et ratifiée par la France en 1974, est ici particulièrement visible. Elle agit sur la procédure et sur le droit de fond de manière d'autant plus efficace que le recours individuel est admis depuis 1981 et le réexamen d'une décision pénale définitive après condamnation de la Cour européenne des droits de l'homme, depuis 2000.

La Convention est enfin d'application directe devant les juridictions répressives. Ce droit, contenu dans la Convention européenne, largement interprété par la Cour européenne, provoque des revirements jurisprudentiels importants (sur les conséquences du défaut de comparution du prévenu) et des modifications législatives nécessaires (écoutes téléphoniques).

Traditionnellement reliés au droit privé, le droit pénal et la procédure pénale n'en sont pas moins à mi-chemin entre le droit privé et le droit public. La distinction fondamentale maintenue par tradition et par commodité rend impossible la classification des **droits sanctionnateurs**. Portalis ne disait-il pas dans son discours préliminaire que « les lois pénales sont moins une espèce particulière de lois que la sanction de toutes les autres » ? Il ajoutait qu'« elles ne règlent pas, à proprement parler, les rapports des hommes entre eux, mais ceux de chaque homme avec les lois qui veillent pour tous ». Le droit répressif est présenté par certains auteurs comme une matière pluridisciplinaire, transcendant la distinction droit privé-droit public. La question du contrôle de validité des normes pénales rejoint ainsi les préoccupations du droit constitutionnel et du droit administratif, celle de la protection de la personne, les règles de droit civil. Par son effet protecteur de la personne et de ses biens, le droit pénal est plutôt une matière de droit privé, il relève en revanche davantage du droit public en ce qu'il règle les rapports des individus avec la société.

Toutefois, le droit répressif n'est pas seulement la sanction des autres branches du droit, il est « normatif » (cf. Conte et Maistre du Chambon, *Droit pénal général*, 5e éd., Armand Colin, 2000, n° 28) ; il est fondé sur des mécanismes et des concepts qui lui sont propres (tentative, complicité). Il est par conséquent dangereux de transposer de manière plus ou moins systématique les règles et principes de droit commun en particulier dans le domaine de la responsabilité. C'est pourtant un premier travers des étudiants qui ont tendance à dissimuler leur lacune en ayant recours aux mécanismes de droit civil. Il est essentiel de rappeler que la responsabilité pénale est personnelle ainsi que la peine. Il n'y a pas de place pour la responsabilité du fait d'autrui. Il existe donc des principes spécifiques au droit pénal, branche du droit dont les pénalistes se plaisent d'ailleurs à souligner l'autonomie par rapport aux autres disciplines.

L'**autonomie** du droit pénal au sens large (droit de fond et de forme) doit être bien comprise. Il ne s'agit pas d'une simple originalité mais d'une véritable contradiction qui se concrétise par l'éviction des règles de droit commun normalement applicables, au profit de règles spécifiques. L'évolution est remarquable puisqu'en 1947, R. Vouin parlait « du fait d'autonomie », alors qu'aujourd'hui certains membres de la doctrine n'hésitent plus à se référer au « principe d'autonomie ». Le phénomène trouve sa justification dans la mission particulière dont est investi le droit pénal au sens large. Les intérêts de la répression plaident en faveur de cette autonomie. Les manifestations en sont nombreuses, elles touchent les définitions des concepts de base comme celui de domicile, étendu par rapport au droit civil. Elles se traduisent aussi par l'élaboration d'analyses originales concernant, par exemple, le vol dans les magasins pour lequel le juge pénal écarte la règle de droit civil selon laquelle la vente est parfaite dès l'accord de volontés sur la chose et sur le prix.

Il ressort de tout ce qui précède que nous sommes bien en présence de **disciplines juridiques techniques.** L'un des défauts très répandu dans l'étude du droit pénal et de la procédure pénale consiste à privilégier l'aspect anecdotique, reléguant dans des cas extrêmes, l'analyse juridique à la portion congrue. Les approches des étudiants sont trop souvent journalistiques et réduisent la discipline aux faits divers, aux « affaires médiatiques » du moment. Il ne faut donc pas oublier qu'il s'agit de matières techniques ayant leurs exigences de raisonnement (application du syllogisme judiciaire) et de vocabulaire (un accusé n'est pas un prévenu ; le mot « crime » peut être utilisé comme synonyme « d'infraction » ou être pris dans son sens technique et signifier « infraction punie de peines criminelles »). En ce qui concerne plus particulièrement la procédure pénale, une autre difficulté guette l'étourdi, il s'agit de la transposition pure et simple d'éléments de procédure anglo-saxonne tels qu'ils peuvent être perçus du grand public au travers d'une pseudo-culture cinématographique. De telle sorte que le droit français ne distingue pas entre le fait de plaider coupable ou non coupable, que l'on ne s'adresse pas à un juge en disant « votre honneur » et qu'il n'existe pas de mandat de perquisition. Le correcteur est en effet trop souvent confronté à des reconstructions surréalistes de l'intégralité de la procédure.

l'actualité 2002-2003

L'actualité de l'« Annuel » Droit pénal et procédure pénale *présente les principaux événements qui ont influé sur l'évolution de la matière criminelle : les arrêts les plus significatifs de la Cour de cassation et de la Cour européenne des droits de l'homme, et les grandes réformes législatives.*

Sont regroupés dans cette première partie certains des textes, commentaires ou analyses qui ont fait l'objet d'une publication dans le Recueil Dalloz.

Présentation des documents sélectionnés

1- Droit pénal

L'année écoulée a été marquée par une intense activité législative qui s'est traduite, en droit pénal, par plusieurs textes importants. La **loi du 18 mars 2003 relative à la sécurité intérieure, dite loi Sarkozy**, crée une série d'incriminations nouvelles qui intéressent principalement le droit pénal spécial (généralement étudié en maîtrise). Pour éclairer l'étudiant de deuxième année, il suffira de mentionner ici les principales incriminations : traite des êtres humains (sept ans d'emprisonnement et 150 000 euros d'amende), exploitation de la mendicité d'autrui (trois ans d'emprisonnement et 45 000 euros d'amende), délit de racolage passif (deux mois d'emprisonnement et 3 750 euros d'amende), mendicité agressive (six mois d'emprisonnement et 3 750 euros d'amende) ou encore outrage à l'hymne national ou au drapeau français (7 500 euros d'amende). Bien entendu, les peines indiquées ici sont les peines principales de l'infraction simple. Et plusieurs circonstances aggravantes sont prévues. Sur le terrain du droit pénal général, la loi du 18 mars 2003 apporte une modification importante à l'échelle des peines délictuelles puisqu'elle rétablit l'échelle antérieure à 1994 (le plancher des peines d'emprisonnement délictuel est à nouveau fixé à deux mois).

La **loi du 9 septembre 2002, d'orientation pour la justice, dite loi Perben**, a modifié, entre autres, les règles applicables aux mineurs délinquants. Outre la création des centres éducatifs fermés, qui a été très largement médiatisée, la loi nouvelle apporte une précision fort bien venue et plusieurs innovations. La précision concerne le discernement qui est désormais introduit dans l'article 122-8 du Code pénal comme condition préalable de la responsabilité pénale du mineur. Le mineur qui a agi avec discernement est donc pénalement responsable (le débat doctrinal relatif à l'irresponsabilité pénale des mineurs est donc clos) mais, du fait de sa minorité, il bénéficie d'une cause légale de diminution de peine. S'agissant des innovations, la loi Perben, prévoit que, dès l'âge de 10 ans (et non plus 13 auparavant), le mineur peut faire l'objet de « sanctions éducatives » énumérées par l'article 15-1 de l'ordonnance de 1945. On citera, entre autres, la confiscation de l'objet ayant servi à la commission de l'infraction, l'interdiction de paraître dans certains lieux, l'interdiction d'entrer en relation avec les victimes ou encore l'obligation d'accomplir « un stage de formation civique d'une durée qui ne peut excéder un mois, ayant pour objet de rappeler au mineur les obligations résultant de la loi ». L'avenir dira si ces sanctions sont véritablement éducatives et, surtout, si elles sont véritablement efficaces...

Enfin, même si elle a moins d'ampleur que les deux précédentes, la **loi du 3 février 2003** crée une infraction nouvelle : la **conduite après usage de produits stupéfiants.** Sans doute peut-on discuter le texte sur certains points techniques. Mais chacun reconnaît qu'il était particulièrement choquant que la conduite automobile sous l'empire de l'alcool soit incriminée, alors que la conduite sous l'empire de produits stupéfiants — qui engendrent des troubles au moins aussi importants que l'alcool — ne le soit pas. La loi nouvelle ajoute donc au Code de la route un nouvel article L. 235-1 qui dispose : « I. – Toute personne qui conduit un véhicule ou qui accompagne un élève conducteur alors qu'il résulte d'une analyse sanguine qu'elle a fait usage de substances ou plantes classées comme stupéfiants est punie de deux ans d'emprisonnement et de 4 500 euros d'amende... ». Reste à savoir comment le texte, qui présente certaines malfaçons techniques, pourra être appliqué (*quid*, par exemple, de celui qui aura attendu, avant de reprendre le volant, que les effets des produits qu'il a consommés aient disparu, alors que l'on retrouvera des traces de ces produits lors de l'analyse sanguine ?).

Sur le plan jurisprudentiel, deux décisions méritent l'attention, qui mettent en cause des personnes qui ont défrayé la chronique au cours de l'année écoulée. D'abord, l'arrêt rendu par la **chambre criminelle de la Cour de cassation le 19 novembre 2002** rejette le pourvoi formé par José Bové et ses coprévenus contre l'arrêt de la cour d'appel de Montpellier qui les a condamnés à plusieurs mois d'emprisonnement pour destruction de plants de riz génétiquement modifiés. Il ne fait pas de doute, tout d'abord, que la destruction d'une récolte — fût-elle transgénique — tombe sous le coup du délit de destruction ou dégradation du bien d'autrui réprimé par les articles 322-1 et suivants du Code pénal. Dès lors, à partir du moment où les faits étaient établis — ils étaient même revendiqués ! — et où l'intention n'était pas douteuse, la condamnation pénale s'imposait. Pour y échapper, il aurait fallu que les prévenus puissent invoquer un fait justificatif ou une cause de non-imputabilité. Devant la Cour de cassation, ils invoquaient l'état de nécessité et le droit au respect de leur vie privée. Sur le premier point, l'argument n'avait aucune chance d'aboutir car aucune des conditions de l'état de nécessité n'était remplie. Quant au droit au respect de la vie privée, il comprendrait, selon les demandeurs au pourvoi, « le droit pour toute personne à vivre dans un environnement sain ». Même si la Cour européenne des droits de l'homme l'a admis dans une affaire bien particulière (V. la note de D. Mayer ci-après reproduite), il y a là une extension abusive de la notion de vie privée. En réalité, ce que José Bové et ses partisans réclament lorsqu'ils dénoncent, à tort, la pénalisation de l'action syndicale, c'est une sorte d'immunité qui les mettrait à l'abri des infractions pénales qu'ils pourraient commettre dans le cadre de leurs activités. Or, notre droit — et c'est heureux — ne prévoit pas, pour les syndicalistes et autres associatifs, une telle immunité.

Pour en savoir plus :

Crim., 19 nov. 2002, *D.* 2003, jur., p. 1315, note D. Mayer (ci-après reproduit).

Enfin, on signalera pour terminer l'arrêt rendu par la **chambre criminelle le 12 février 2003** concernant la remise en liberté de Maurice Papon. On se souvient que l'ancien préfet a été condamné à dix ans de réclusion criminelle pour complicité de crime contre l'humanité par la cour d'assises de la Gironde le 2 avril 1998. Eu égard à son grand âge et à son état de santé, son avocat a rapidement demandé sa remise en liberté. En vain. Mais l'entrée en vigueur de la loi du 4 mars 2002 relative aux droits des malades allait changer totalement la donne. En effet, sur le fondement de ce texte qui autorise la suspension médicale de peine pour raisons de santé, Maurice Papon fut remis en liberté. La décision, confirmée en appel, fit l'objet d'un pourvoi en cassation à la demande expresse de la chancellerie qui espérait, ainsi, calmer certains esprits. Le parquet soutenait donc que la remise en liberté de Maurice Papon, qui était par ailleurs parfaitement légale, causait un trouble à l'ordre public en raison de l'émoi, en partie orchestré par la presse, qu'elle soulevait dans la population et, particulièrement, chez les descendants des victimes du nazisme. À vrai dire, le rejet du pourvoi ne faisait guère de doute dans la mesure où la suspension de peine pour motif médical (art. 720-1-1, al. 1er, C. proc. pén.) n'est pas subordonnée à une quelconque conformité à l'ordre public. Le pourvoi est donc justement rejeté.

Pour en savoir plus :

- Crim., 12 févr. 2003, *D.* 2003, n° 16, p. 1065, note M. Herzog-Evans (ci-après reproduit).
- M. Herzog-Evans, *Droit de l'application des peines*, 1re éd., Dalloz référence, 2002.

2- Procédure pénale

L'actualité 2002-2003 est marquée en procédure pénale par l'adoption de nombreux textes de loi dont l'importance est réelle. Ils ont souvent été relayés par la presse qu'il s'agisse de textes spéciaux (comme ceux réglementant la circulation routière) ou plus généraux (tels que celui relatif à la sécurité intérieure). L'activité législative fut telle qu'il ne peut être sérieusement envisagé de reproduire l'essentiel des textes promulgués depuis juin 2002. Seront donc privilégiées ici, les lois les plus significatives, celles qui intéressent les dispositions générales. Pour ce qui est des deux grandes lois d'orientation et de programmation pour la justice et pour la sécurité intérieure, il sera renvoyé, compte tenu de leur longueur et de leur contenu hétéroclite, à des présentations générales. Quant à l'actualité jurisprudentielle, un seul arrêt marquant sera signalé.

• **L'actualité législative** est marquée par l'adoption de deux lois d'orientation et de programmation, c'est-à-dire deux lois-cadre, l'une pour la **sécurité intérieure, du 29 août 2002** (loi n° 2002-1094, dite loi Sarkozy) et l'autre pour la **justice, du 9 septembre 2002** (loi n° 2002-1138, dite loi Perben). Ces lois ont été soumises à la censure du Conseil constitutionnel. La première a fait l'objet d'une décision le 22 août 2002, la seconde d'une décision le 29 août 2002. Elles ont été jugées conformes pour l'essentiel à la Constitution, peu de dispositions ayant été censurées, même si le Conseil constitutionnel a formulé de nombreuses réserves d'interprétation.

Pour en savoir plus :

- J.-F. Seuvic, *Rev. sc. crim.* 2002, chronique législative, p. 850-853 et p. 867-871.
- F. Bellivier, *RTD civ.* 2002, législation française, p. 853-857.
- F. Le Gunehec, « La loi d'orientation et de programmation pour la justice... », *JCP* éd. G, 2002, Actualité, n° 507.

Conformément à la loi-cadre sur la justice, la **loi organique du 26 février 2003 relative aux juges de proximité** est venue réformer la loi organique relative au statut de la magistrature. Ce nouveau juge aura des compétences en matière civile et pénale. Dans ce domaine, le juge de proximité est compétent selon l'article 706-72 du Code de procédure pénale issu de la loi Perben, « pour juger des contraventions de police dont la liste est fixée par décret en Conseil d'État ».

Le décret vient de paraître, il s'agit de celui du 23 juin 2003 relatif à la juridiction de proximité. La liste des contraventions est fixée à l'article 27 du décret. De nombreuses incriminations sont visées mais la compétence de cette nouvelle juridiction est limitée aux contraventions commises par des personnes physiques.

En outre, la répartition entre le tribunal de police et le juge de proximité n'est pas établie en fonction de la classe dont relèvent les contraventions (toutes les classes sont représentées). Sont ainsi visées les contraventions contre les biens ne constituant que des contraventions de première classe mais aussi des contraventions de cinquième classe contre les personnes.

Pour en savoir plus :

- J. Rochfeld, *RTD civ.* 2002, législation française, p. 848-853.
- F. Bellevier, *RTD civ.* 2003, législation française, p. 368-369.

Conformément à la loi-cadre sur la sécurité intérieure, la **loi du 18 mars 2003 relative à la sécurité intérieure** est entrée en vigueur après avoir subi un contrôle de constitutionnalité. Comme ses prédécesseurs, ce texte, dont voici les grandes lignes, est long et hétéroclite. Il procède à une augmentation des pouvoirs de la police judiciaire (en particulier en matière de fouille des véhicules et en ce qui concerne l'accès aux bases de données du fichier national des empreintes génétiques), il étend les dispositions en matière de lutte contre le terrorisme. Ce texte pénalise en outre un certain nombre de comportements (notamment la traite des êtres humains, le racolage public et l'exploitation de la mendicité). Le Conseil constitutionnel a globalement validé la loi le 13 mars 2003, avec toutefois des réserves d'interprétation.

Pour en savoir plus :

- C. Lienhard, « La loi du 18 mars 2003 pour la sécurité intérieure... », *JCP* éd. G, 2003, Actualité n° 185 et 279.
- J. Buisson, *Procédures* 2003, n° 122.

• **L'actualité jurisprudentielle** se résumera à mentionner l'arrêt rendu par la **chambre criminelle le 11 juin 2002** concernant la preuve pénale. Cet arrêt a eu quelques retentissements car l'association SOS Racisme cherchait en l'espèce à établir l'existence d'une discrimination raciale réalisée par l'exploitant d'une discothèque. Pour ce faire, des membres de l'association ont eu recours à un test *in vivo*. Se posait donc la question, désormais classique, de la loyauté du procédé. La position de la chambre criminelle, rappelée ici, est connue ; elle considère qu'« aucune disposition légale ne permet aux juges répressifs d'écarter les moyens de preuve produits par les parties au seul motif qu'ils auraient été obtenus de façon illicite ou déloyale ; qu'il leur appartient seulement, en application du texte susvisé (art. 427 C. proc. pén.), d'en apprécier la valeur probante après les avoir soumis à la discussion contradictoire ». Cette solution n'est pas condamnée par la

Cour européenne des droits de l'homme, selon laquelle la convention n'exclut pas « par principe et *in abstracto* » la recevabilité d'une preuve recueillie de manière illégale.

Depuis le début des années 1990, la jurisprudence de la Cour de cassation est constante sur cette question en dépit des critiques doctrinales dont elle fait l'objet. L'appréciation de la loyauté du procédé varie selon la qualité de la personne qui s'en prévaut. Rigoureuse pour les autorités publiques, elle fait l'objet d'une analyse beaucoup plus souple en ce qui concerne les parties privées.

Pour en savoir plus :

– Th. Garé et C. Ginestet, *Droit pénal et procédure pénale*, 2e éd. Dalloz, Hypercours, n° 406 et s.
– Ph. Bonfils, note *in Droit et patrimoine* 2003, p. 105.

Document 1

thème : Enfance délinquante

Mineur, ordonnance du 2 février 1945, modification, loi du 9 septembre 2002, responsabilité pénale

« L'essentiel »

Loi n° 2002-1138 du 9 septembre 2002 :

Par la loi du 9 septembre 2002, le législateur a revu les règles relatives au droit pénal des mineurs dans le sens d'une clarification mais aussi d'un durcissement, l'objectif visé étant de répondre au défi lancé par la délinquance juvénile. La responsabilité pénale du mineur est aujourd'hui affirmée par le législateur, responsabilité qui est atténuée du fait de l'âge. Ce rappel nécessaire s'accompagne toutefois d'une sévérité accrue tant au niveau des sanctions que de la procédure : entre les mesures éducatives et les peines, s'insèrent maintenant les sanctions éducatives applicables dès l'âge de 10 ans, les conditions de la retenue policière sont élargies, le contrôle judiciaire est réactivé et le non-respect de ses obligations pourra entraîner l'incarcération des moins de 16 ans qui fugueront des centres éducatifs nouvellement créés, le jugement à délai rapproché permettra d'accélérer le cours des procédures, les juges de proximité auront vocation à traiter les infractions mineures. Malgré certains aspects positifs, la loi du 9 septembre 2002 manifeste un rapprochement regrettable de la procédure applicable aux mineurs de celle applicable aux majeurs, démarche qui traduit une érosion sensible des principes fondateurs de l'ordonnance du 2 février 1945 relative à l'enfance délinquante.

La loi n° 2002-1138 du 9 septembre 2002 : un nouveau regard porté sur le droit pénal des mineurs

chronique de Jocelyne Castaignède
Maître de conférences à l'Université de Pau et des Pays de l'Adour, Unité de sciences criminelles comparées Jean-Pinatel (UJP)

publié par
D. – Recueil Dalloz
2003, p. 779

Le législateur n'en finit pas de s'intéresser au droit pénal ; le rythme accru du vote de lois pénales l'atteste, tout autant que la fréquence de dispositions pénales incluses dans des textes à finalité sociale, économique ou autre. Mais voilà six ans qu'il n'avait pas modifié le contenu de l'ordonnance du 2 février 1945 relative à l'enfance délinquante ; cette période de répit s'achève avec la loi n° 2002-1138 du 9 septembre 2002 d'orientation et de programmation pour la justice[1], dont un volet important, le titre III, traite des dispositions portant réforme du droit pénal des mineurs, les autres volets concernant essentiellement la justice de proximité, la procédure pénale et l'aide aux victimes[2].

La loi du 9 septembre 2002 s'inscrit dans la mouvance d'un contexte national à la fois singulier dans sa forme et répétitif dans son expression, la campagne électorale d'une élection présidentielle aux données particulières ayant mis l'accent, une fois de plus, sur l'insécurité ambiante. Le Gouvernement installé à la mi-juin annonça clairement les axes de l'action à mener : rapidité et fermeté seraient les maîtres mots au regard de la sécurité et de la justice ; l'ordre public doit devenir la préoccupation majeure des gouvernants soucieux de répondre à l'attente supposée des gouvernés, dont l'un des sujets d'inquiétude serait la recrudescence de la délinquance juvénile.

1. *JO* 10 sept. 2002, p. 14934 ; *D.* 2002, Lég. p. 2584.
2. F. Le Gunehec, Aperçu rapide, *JCP* 2002, n° 43, Actualité 450.

À la même période, la Commission d'enquête créée en vertu d'une résolution du Sénat du 12 février 2002 remettait le 26 juin 2002 un rapport au titre éloquent, « La République en quête de respect[3] ». Malgré certains aspects invitant à une répression accrue, le rapport du Sénat se révélait critique, notamment en ce qui concerne les conditions d'incarcération des mineurs, et réaliste comme en témoigne le constat effectué : « La justice des mineurs en France n'est pas particulièrement laxiste, elle est erratique. »

Le projet de loi relatif à la justice fut élaboré rapidement et présenté par le garde des Sceaux au Conseil des ministres du 17 juillet 2002 : la loi d'orientation et de programmation pour la justice « constituera la première étape de réconciliation des Français avec leur justice ». La fracture est partout, il est urgent de réagir dans certains domaines, d'autant plus que « la délinquance des mineurs est l'un des défis majeurs posés à la société française aujourd'hui ». Le décor est planté : les nouvelles classes dangereuses seraient les jeunes, plus précisément les adolescents. C'est ainsi dans un contexte passionnel et marqué par l'urgence que fut voté ce texte le 3 août 2002, selon la procédure de l'article 45, alinéa 3, de la Constitution, procédure qui permet d'éviter les navettes parlementaires. Le Conseil constitutionnel, invité à examiner la constitutionnalité du texte approuvé par le Parlement, fit pour le moins preuve de bienveillance à son égard et n'émit aucune réserve en ce qui concerne les dispositions relatives au droit pénal des mineurs[4], alors que l'occasion lui était peut-être offerte de dégager un nouveau principe fondamental reconnu par les lois de la République en matière de justice des mineurs[5]. Les exigences constitutionnelles basiques qui caractérisent la procédure pénale doivent être conciliées avec « la nécessité de rechercher les auteurs d'infractions et de prévenir les atteintes à l'ordre public, et notamment à la sécurité des personnes et des biens, qui sont nécessaires à la sauvegarde de droits de valeur constitutionnelle ». Le souci du législateur de préserver l'ordre public reçoit l'onction du Conseil constitutionnel. Finalement, la nature du contentieux prime sur les caractéristiques de l'auteur. Ce constat, pour être lapidaire, n'en traduit pas moins la ligne adoptée par le législateur dans un texte à la tendance répressive marquée.

3. Sénat, Rapport n° 340 remis le 26 juin 2002, Annexe au procès-verbal de la séance du 27 juin 2002.
4. Cons. const., Décis. n° 2002-461 DC, 29 août 2002, *JO* 30 août, p. 14411.
5. V. J.-E. Schoettl, La loi d'orientation et de programmation pour la justice devant le Conseil constitutionnel, *Petites Affiches*, 5 sept. 2002, n° 178, plus part. p. 21.

L'une des idées-force du volet de la loi du 9 septembre 2002 relatif au droit pénal des mineurs fut clairement exprimée par le garde des Sceaux : « le Gouvernement entend combler les insuffisances du dispositif pénal actuel ». En bref, les outils mis à la disposition de la police et de la justice ne seraient plus opérationnels face à une délinquance des mineurs dont les contours se seraient modifiés. Dans le passé, nous avons connu le passage d'une délinquance de transgression à une délinquance d'exclusion ; aujourd'hui, nous connaissons en plus la délinquance d'expression, traduite notamment par des actes de vandalisme, délinquance dont la visibilité deviendrait intolérable. Dès lors, la problématique change : la question posée n'est plus « pourquoi punir ? » mais bien plutôt « comment punir ? » face à une délinquance des mineurs dont les « caractéristiques appellent des réponses fortes de la part des pouvoirs publics », comme il est dit dans l'annexe de la loi. Est soulignée toutefois la nécessité d'« adapter l'ordonnance du 2 février 1945 aux nouvelles caractéristiques de cette délinquance dans le respect de ses principes directeurs, à savoir la spécialisation des magistrats et la primauté de l'action éducative ». On regrettera que ne soit pas mentionnée la personnalisation de la sanction, en espérant qu'il ne s'agit pas là d'un oubli révélateur.

Malgré cet engagement à ne pas dénaturer le texte fondateur relatif à l'enfance délinquante, la révision effectuée signe un nouveau regard porté sur le droit pénal des mineurs qui se traduit par des retouches significatives apportées au droit pénal de fond (1–) et par des modifications substantielles apportées au droit pénal de forme (2–).

1– Des retouches significatives apportées au droit pénal de fond

Le premier objectif affiché par le garde des Sceaux lors de la présentation du projet de loi d'orientation et de programmation pour la justice en ce qui concerne le droit pénal des mineurs était net : « réaffirmer clairement le principe de la responsabilité pénale des mineurs délinquants ». La loi du 9 septembre 2002 procède ainsi à des changements partiels de l'ordonnance du 2 février 1945 relative à l'enfance délinquante mais aussi de l'article 122-8 du Code pénal. Les corrections effectuées sont révélatrices de la position adoptée en la matière : clarification de cette responsabilité accompagnée d'une aggravation de ses conséquences. À notre sens, si le législateur a reformulé la responsabilité pénale du mineur (A) en s'attachant au fondement juridique classique de la responsabilité, il a également, en aggravant les sanctions, reconsidéré la capacité pénale du mineur (B), concept criminologique dont il a peut-être dévoyé la portée.

A• La responsabilité pénale du mineur reformulée

L'article 11 de la loi du 9 septembre 2002 relatif à la nouvelle rédaction de l'article 122-8 du Code pénal signe le terme d'une évolution, largement influencée par la doctrine, que l'on retracera brièvement[6].

Le dogme de l'irresponsabilité pénale du mineur a tout d'abord dominé pendant de longues années[7], même s'il était parfois assorti de réserves : « au sens du moins où le mineur ne peut être condamné à une peine[8] », et les auteurs dissidents étaient franchement minoritaires[9]. Mais dire que les moins de 13 ans, parce qu'ils ne pouvaient être condamnés à une peine *stricto sensu*, étaient irresponsables pénalement procédait d'une lecture erronée ou pour le moins hâtive de la lettre des articles 1er et 2 de l'ordonnance du 2 février 1945, perception lourde de conséquences dans l'inconscient collectif. C'était également oublier la distinction effectuée par la doctrine en matière de sanctions pénales entre peines et mesures de sûreté, dont l'un des exemples types est précisément les mesures éducatives prises à l'égard des mineurs, qui « constituent le corps le plus complet des mesures de sûreté de notre droit positif[10] ».

Il est vrai que la question du discernement n'avait pas été reprise par les rédacteurs de l'ordonnance du 2 février 1945. Mais le fameux arrêt *Laboube* rendu par la chambre criminelle le 13 décembre 1956 ne l'avait-il pas, en quelque sorte, ressuscitée en précisant que tout auteur doit avoir agi « avec intelligence et volonté » ? L'impasse ne peut être faite sur l'imputabilité, « c'est-à-dire la possibilité de mettre l'acte antisocial au compte de celui qui l'a commis[11] ».

6. Pour une vision plus complète, V. J. Castaignède, Les petits responsables. Réflexions sur la responsabilité pénale et la responsabilité civile du mineur, *in Mélanges à la mémoire du professeur Christian Lapoyade Deschamps*, PU Bordeaux, 2003, à paraître.
7. V. plus part. J. Pradel, *Droit pénal général*, Cujas, 2002, 14e éd., p. 411 ; G. Stéfani, G. Levasseur et B. Bouloc, *Droit pénal général*, Précis Dalloz, 2000, 17e éd., p. 373.
8. P. Conte et P. Maistre du Chambon, *Droit pénal général*, A. Colin, 2000, 5e éd., p. 193.
9. En particulier J.-H. Robert, *Droit pénal général*, Thémis Droit privé, PUF Droit, 2001, 5e éd., p. 301.
10. M.-L. Rassat, *Droit pénal général*, PUF, Droit fondamental, 1999, 2e éd., p. 547, n° 387.
11. R. Ottenhof, *Imputabilité, culpabilité et responsabilité en droit pénal. Archives de politique criminelle*, éd. Pédone, 2000, p. 74, n° 22.

La promulgation du nouveau Code pénal en 1992 fut l'occasion d'un recentrage législatif opéré par l'unique article concernant les mineurs, l'article 122-8 ; inclus dans un chapitre intitulé « des causes d'irresponsabilité ou d'atténuation de la responsabilité », cet article renvoie à la « loi particulière », l'ordonnance du 2 février 1945 relative à l'enfance délinquante. L'article 122-8 du Code pénal n'occulte pas la référence à la faute, à la différence des anciens articles 66 et 67, le législateur ayant intégré la jurisprudence *Laboube* lorsqu'il parle de mineurs « reconnus coupables d'infractions pénales ». La disparition de la référence au discernement n'a pas pour conséquence une responsabilité devenue objective, car l'imputabilité suppose une faute. Seule la petite enfance sera une cause de non-imputabilité : ici, la maturité du mineur est insuffisante pour comprendre et vouloir l'acte. Ainsi le mineur sera responsable dans les mêmes conditions qu'un majeur lorsque la prévention sera établie à son égard.

Ce qui diffère, fort heureusement, ce sont les conséquences de son acte au regard du droit pénal de fond — la sanction — et au regard du droit pénal de forme — la procédure. Jugé par des juridictions spécialisées, il ne pourra faire l'objet d'une peine, obligatoirement minorée s'il a moins de 16 ans, que s'il est âgé de plus de 13 ans au moment des faits. En deçà, il ne pourra faire l'objet que de mesures éducatives, mesures éducatives qui devront néanmoins être privilégiées pour les plus de 13 ans. Des auteurs ont affirmé le principe de la responsabilité pénale du mineur, plus précisément celui d'une responsabilité atténuée[12], point de vue qui permet d'« abandonner la fiction infantilisante de l'irresponsabilité pénale[13] ». La reconnaissance de la responsabilité pénale du mineur permettra d'envisager la responsabilisation de ce dernier, processus tourné vers l'avenir. C'est en ce sens que la responsabilité est un concept opérationnel en matière de droit pénal des mineurs. Une telle logique conduit à reformuler la définition de la responsabilité pénale du mineur[14], tâche effectuée par le législateur du

12. C. Lazerges, De l'irresponsabilité pénale des mineurs délinquants ou relecture des articles 1er et 2 de l'ordonnance du 2 février 1945, *Rev. sc. crim.* 1995, p. 149.

13. J.-F. Renucci, Le droit pénal des mineurs entre son passé et son avenir, *Rev. sc. crim.* 2000, p. 92. V. également R. Cario, *Jeunes délinquants. À la recherche de la socialisation perdue*, L'Harmattan-Transdisciplines, 2e éd., 1999, p. 260 s.

14. On signalera au lecteur que la responsabilité pénale des mineurs dans l'ordre interne et international sera l'un des quatre thèmes traités par le prochain congrès international de droit pénal qui se déroulera à Beijing (Chine) en 2004 sous l'égide de l'AIDP (Association internationale de droit pénal).

9 septembre 2002, même si les motivations qui l'ont animé ne se calquent peut-être pas sur le cheminement évoqué.

L'article 122-8 du Code pénal a été réécrit et enrichi par plusieurs précisions notables. La première concerne la référence au discernement, notion oubliée depuis longtemps par le législateur. À vrai dire, il ne s'agit pas là d'une révolution[15] puisque notre droit positif l'intégrait depuis longtemps. La position prise par le législateur n'en est pas moins réaliste et doit être saluée. Toutefois, ce dernier n'a pas saisi l'occasion qui lui était offerte de satisfaire aux exigences de l'article 40-3-a de la Convention internationale des droits de l'enfant qui demande aux États parties « d'établir un âge minimum au-dessous duquel les enfants seront présumés n'avoir pas la capacité pénale d'enfreindre la loi pénale ». Le problème des seuils d'âge, qui ne concerne pas seulement la France mais aussi l'Europe[16], mériterait d'être résolu comme l'avait proposé l'avant-projet portant réforme du droit pénal des mineurs et de la procédure pénale du 27 juin 1990, dont l'article 2 était ainsi formulé : « Le mineur de 10 ans ne peut faire l'objet de poursuites pénales. » Mais l'air du temps ne semble pas aller en ce sens. On a peine à imaginer l'éventualité d'un tel débat devant le Parlement à une époque où le thème du rajeunissement de la délinquance juvénile est rebattu par nombre d'hommes politiques.

Après avoir indiqué le préalable obligatoire à l'imputabilité, le discernement dont la juridiction de jugement doit rapporter la preuve, est rappelée la nécessité de la reconnaissance de la culpabilité. L'expression « les mineurs reconnus coupables d'infractions pénales » fait place à celle de « crimes, délits ou contraventions dont ils ont été reconnus coupables », changement de formulation qui n'affecte pas le sens et la portée de cette expression : de même que pour les majeurs, une déclaration de culpabilité est indispensable avant d'envisager une éventuelle sanction. Seul le cumul de la culpabilité et de l'imputabilité peut conduire à la responsabilité. Le caractère impératif de la présence de la faute, élément moral de l'infraction, est une garantie : si le droit des mineurs doit présenter des aspects dérogatoires au droit commun, la spécificité ne peut conduire à des errements aux conséquences insupportables pour l'enfant et sa famille, telle une sanction au fondement incertain. Toujours à l'alinéa 1er de l'article 122-8 du Code

15. L. Gebler et Y. Guitz, Le bon sens et le mauvais sens, *Journal du droit des jeunes*, sept. 2002, n° 217, p. 20 et plus part. p. 22.

16. V. C. Lazerges, Seuils d'âge et responsabilité pénale en Europe, *Rev. sc. crim.* 1991, p. 414 ; R. Cario, *Jeunes délinquants. À la recherche de la socialisation perdue*, *op. cit.*, p. 276 s.

pénal, le législateur du 9 septembre 2002 inscrit le principe de la responsabilité pénale du mineur, nouveauté particulièrement remarquable. Les mineurs ayant commis une infraction alors qu'ils étaient aptes à mesurer la portée de leurs actes seront « pénalement responsables ». La nouvelle rédaction de l'article 122-8 est explicite : il n'y a plus lieu de faire référence à une présomption simple d'irresponsabilité pénale, encore moins à une présomption irréfragable. Là réside, à notre sens, un apport majeur de la nouvelle loi, d'autant plus louable que l'ambiguïté qui régnait était source de discussions byzantines dont l'aboutissement ne jouait pas, en définitive, en faveur du mineur.

À l'alinéa 2 de l'article 122-8, on notera enfin, à l'actif du législateur, la mention de l'atténuation de la responsabilité pénale du mineur. La minorité est bien une cause légale de diminution de peine, indiquée aux articles 20-2 et suivants de l'ordonnance du 2 février 1945, et il est tout à fait justifié que cette cause soit explicitement signalée dans le texte de l'unique article du Code pénal consacré aux mineurs. Mais, personnellement, nous souhaitons que cette perspective soit reprise en écho par celle de « responsabilité progressive[17] » qui gomme l'idée sous-jacente de personne en réduction et illustre davantage le processus de responsabilisation.

On ne peut que souscrire, dès lors, à l'ensemble des retouches précédemment analysées, car elles s'inscrivent dans un courant doctrinal qui recevait notre approbation. D'autres retouches concernent le droit pénal de fond relatif aux mineurs, mais celles-ci portent nettement l'empreinte de la logique répressive qui caractérise l'ensemble du texte. Le passage du champ juridique au champ criminologique révèle l'intention du législateur : offrir aux juges une palette de sanctions plus sévères.

B• La capacité pénale du mineur reconsidérée

Animé par la volonté d'offrir aux magistrats les moyens de réprimer plus efficacement la délinquance des mineurs, et particulièrement les comportements perpétrés par de jeunes mineurs, le législateur a peut-être confondu deux notions : celle de responsabilité pénale et celle de capacité pénale, définie comme l'aptitude d'un délinquant à tirer profit de la sanction. À la différence de l'imputabilité, de la culpabilité et de la responsabilité qui

17. D. Youf, Repenser le droit pénal des mineurs, *Revue Esprit*, oct. 2000, p. 87 et plus part. p. 105.

sont des concepts juridiques, la capacité pénale est un concept criminologique, concept entièrement tourné vers l'avenir. Si « l'imputabilité permet de vérifier s'il y a lieu à sanction, la capacité pénale guide le juge dans le choix du type de sanction [18] ». Et la position du législateur du 9 septembre 2002 est claire : la sanction doit revêtir davantage de fermeté si l'on veut que le mineur cesse de commettre des actes illicites. Du reste, la tonalité des motivations gouvernementales et des débats parlementaires s'inscrivait dans le registre « plus vite, plus tôt, plus fort [19] », triptyque éducatif dont on retrouve des manifestations à différents niveaux de la nouvelle loi. La pénalisation est renforcée, notamment en ce qui concerne les plus jeunes, censés devoir tirer profit d'une sanction aux contours raffermis.

Parmi les nouveautés de la loi du 9 septembre 2002 se détachent les « sanctions éducatives », association terminologique préoccupante dans la mesure où ces sanctions sont applicables dès l'âge de 10 ans. On se souvient que l'ordonnance du 2 février 1945, dont la substance fut à cet égard reprise par l'article 122-8 du Code pénal en 1992, privilégiait les mesures éducatives, consacrant ainsi la primauté de l'éducatif sur le répressif. Seuls les mineurs de plus de 13 ans pouvaient être condamnés à une peine « lorsque les circonstances et la personnalité du délinquant paraîtront l'exiger ». Tout sera une question d'opportunité ; la capacité pénale du mineur sert de référence à la démarche du juge. Le choix était ainsi limité aux « mesures de protection, d'assistance, de surveillance et d'éducation » pour les moins de 13 ans et s'exerçait, pour les plus de 13 ans, entre les mesures éducatives et les peines, avec une priorité accordée aux premières. Le législateur vient de modifier cette architecture en créant un troisième type de sanctions, inséré entre les mesures éducatives et les peines, que les juges pourront choisir lorsque les circonstances et la personnalité des mineurs « l'exigent » et non plus « leur paraîtront l'exiger », et ce dès l'âge de 10 ans. Le ton est à la fermeté.

Cette nouvelle classe de réponses à la délinquance juvénile, et des jeunes mineurs notamment, séduisante en apparence, pose néanmoins question au vu de la liste des sanctions éducatives dont le nouvel article 15-1 de l'ordonnance de 1945 fait état. Sur six possibilités, on trouve tout d'abord la confiscation de l'objet ayant servi à la commission de l'in-

18. R. Merle et A. Vitu, *Traité de droit criminel*, t. I, *Droit pénal général*, Cujas, 7e éd., 1999, p. 776, n° 617.
19. J.-P. Rosenczveig, La loi d'orientation et de programmation sur la justice. Une promesse tenue ? Pas évident, *D.* 2002, Point de vue p. 2339.

fraction ou qui en est le produit, mesure qui était certainement déjà appliquée. Sont énumérées ensuite trois interdictions calquées sur le sursis avec mise à l'épreuve : interdiction de paraître dans certains lieux, « à l'exception des lieux dans lesquels le mineur réside habituellement », précaution tout à fait utile ; interdiction de rencontrer les victimes de l'infraction désignées par la juridiction, mais aussi interdiction de rencontrer les coauteurs ou complices. La durée de la mesure ne peut excéder un an, maigre réconfort face à des interdictions qui peuvent être cumulées, se révélant dès lors encore plus difficiles à contrôler. On peut déjà souhaiter que les juges des enfants usent modérément de ce texte, la potentialité éducative d'une telle liste d'interdits n'étant pas évidente. En effet, « pour que le droit soit porteur d'une responsabilisation, encore faut-il qu'il soit perçu et compris comme étant une somme de repères avant d'être une somme d'interdits[20] ». Et la liste s'enrichit d'une contrainte peu banale : « obligation de suivre un stage de formation civique, d'une durée qui ne peut excéder un mois, ayant pour objet de rappeler au mineur les obligations résultant de la loi ». On a tendance à frémir et l'on attendra le décret en Conseil d'État fixant les modalités d'application du stage pour prendre peur. Est incluse enfin, dans cette liste, la mesure d'aide ou de réparation mentionnée à l'article 12-1 dont on peut dire qu'elle est la mesure éducative par excellence, tout à fait adaptée afin de faire éclore le sentiment de responsabilité chez les mineurs. Le risque n'est-il pas, dès lors, de semer la confusion par un mélange des genres aux effets pernicieux ? Il serait tout à fait regrettable que le législateur gâche ainsi le travail effectué en 1993.

Le Conseil constitutionnel, appelé à se prononcer sur ce point, a souligné que ces sanctions « ont toutes, au demeurant, une finalité éducative » et qu'elles « prendront naturellement en compte les obligations familiales et scolaires des intéressés », précision qui n'était pas indispensable si l'on veut bien faire confiance aux juges des enfants. Cette motivation ne rassure pas pour autant, et ceci pour deux raisons. Le législateur n'aurait-il pas créé, par le biais de cette nouvelle catégorie, un réceptacle pour de futures sanctions, assimilables à des peines mais baptisées éducatives ? La fin de l'exclusivité de la mesure éducative pour les moins de 13 ans ouvre une brèche fâcheuse dans la philosophie de l'ordonnance du 2 février 1945. De plus, le dernier alinéa de l'article 15-1 indique que, en cas de non-respect par le mineur du contenu de la sanction éducative prononcée, « une mesure

20. C. Lazerges, Processus de socialisation et apprentissage de la règle de droit, *Rev. sc. crim.* 1993, p. 597.

de placement dans l'un des établissements visés à l'article 15 » — c'est-à-dire une mesure éducative — pourra être prononcée. Il s'agira en quelque sorte d'un « placement-punition[21] », formule originale qui n'emporte pas la conviction car elle s'apparente à un contrôle judiciaire déguisé applicable aux moins de 13 ans. La progression mesure éducative-sanction éducative-peine, inscrite en filigrane de la loi, ne trouve pas ici application : la logique mathématique, en ce qui concerne le traitement de la délinquance juvénile, relève davantage du discours médiatique que de la réalité opérationnelle. Et, plus inquiétant, la sanction pénale prend le pas sur l'aide éducative : la capacité pénale du mineur a bien été reconsidérée et élargie.

Si le jeune adolescent a été la cible privilégiée du législateur au regard de la capacité pénale, le grand adolescent n'a pas été oublié dans cette dynamique répressive. Les plus de 16 ans pourront être condamnés à une peine de travail d'intérêt général lorsqu'ils auront tracé des inscriptions sur des façades, des véhicules ou du mobilier urbain, infraction il est vrai souvent commise par des mineurs. Soucieux également de réprimer certains agissements perpétrés en milieu scolaire, le législateur a rajouté une circonstance aggravante au délit d'outrage de l'article 433-5 du Code pénal par l'article 45 de la loi, situé dans le titre IV et plus précisément dans le chapitre VII traitant des « dispositions relatives à certaines atteintes à l'autorité de l'État ». Il vise les personnes — majeures ou mineures — auteurs d'un outrage adressé à une personne chargée d'une mission de service public, lorsque les faits ont été commis à l'intérieur ou aux abords d'un établissement scolaire ou éducatif. Un outrage envers un enseignant ou un surveillant est passible ainsi de six mois d'emprisonnement, peine certes diminuée de moitié pour les mineurs mais qui n'en reste pas moins élevée. La « République en quête de respect » se doit de protéger ses fonctionnaires.

Mais la rénovation du droit pénal de fond ne suffit pas lorsque la tendance est à la répression. L'efficacité de l'action de la police et de la justice sera en partie conditionnée par les moyens que confèrent à leurs représentants les règles de procédure pénale. Si dans la dialectique préservation de l'ordre public-garantie des libertés individuelles l'accent est mis sur la première proposition, comme c'est le cas pour la loi du 9 septembre 2002, le renforcement de la procédure, c'est-à-dire du droit pénal de forme, sera l'objectif visé par le législateur.

21. L. Gebler et Y. Guitz, *op. cit.*, *Journal du droit des jeunes*, p. 22.

2– Des modifications substantielles apportées au droit pénal de forme

La logique législative repérée au niveau du droit pénal de fond va se concrétiser par des modifications procédurales substantielles, en ce sens qu'elles appartiennent à l'essence même du droit pénal de forme relatif aux mineurs. Les prétendues « insuffisances du dispositif actuel » ont été corrigées par le législateur aux différents moments du processus pénal afin de faciliter la préparation du procès pénal tout autant que sa solution. Ainsi, l'accroissement des moyens au niveau de la mise en état des affaires (A) accompagne le durcissement de la procédure au niveau du jugement des affaires (B), le tout signant une altération certaine de la philosophie de l'ordonnance du 2 février 1945.

A• L'accroissement des moyens au niveau de la mise en état des affaires

L'un des objectifs majeurs de la nouvelle loi fut d'ouvrir les possibilités offertes aux autorités chargées de l'élucidation des affaires pénales, police judiciaire et justice, afin de leur permettre de lutter efficacement contre une délinquance juvénile identifiée à la fois comme rajeunie, plus violente dans ses modes d'expression et déjà ancrée pour de nombreux mineurs. Tel était en effet le constat dressé par le garde des Sceaux lors de la présentation d'un texte consistant en une « loi d'orientation ». La direction était en effet indiquée : le temps n'est plus à la clémence.

La loi du 9 septembre 2002 modifie tout d'abord nettement le cadre juridique de la retenue des mineurs de 10 à 13 ans mise en place par la loi du 1er février 1994 à l'article 4-I de l'ordonnance du 2 février 1945. Les « indices graves et concordants » sont remplacés par des « indices graves ou concordants » pour motiver une retenue ; les qualificatifs ne sont plus cumulatifs mais alternatifs. Quant au régime de la retenue, il apparaît plus strict : le seuil de la peine d'emprisonnement encourue, référence obligée pour le placement en retenue du mineur, a été abaissé de sept à cinq ans (en matière de vol, par exemple, la présence d'une seule circonstance aggravante suffira) et sa durée portée de 10 à 12 heures. Si la retenue est prolongée, elle pourra durer 24 heures, soit la durée de garde à vue prévue pour les majeurs.

Ces changements, critiqués par les auteurs de la saisine du Conseil constitutionnel, n'ont pas entraîné la censure de ce dernier au motif que la nouvelle rédaction « n'apporte aux dispositions antérieures que des modifications relevant du pouvoir d'appréciation du législateur ». L'appréciation du Conseil constitutionnel, quant à elle, se caractérise, à notre sens, par une certaine élasticité si on la met en correspondance avec celle qu'il avait portée dans sa décision du 20 janvier 1994[22] : il acceptait la retenue des mineurs de 10 à 13 ans parce que « la mise en œuvre de cette procédure était liée à la gravité des infractions concernées » et parce qu'était prévue une « durée maximale de rétention de dix heures », éventuellement renouvelable il est vrai. Le Conseil constitutionnel rappelle toutefois un point fondamental : le texte subordonne le placement en retenue à « l'accord préalable et au contrôle d'un magistrat spécialisé dans la protection de l'enfance ». Le magistrat remplira le rôle de garde-fou. La même remarque s'applique de manière encore plus nette en ce qui concerne le contrôle judiciaire dont les conséquences ont été revues et corrigées.

On sait qu'aux termes de l'article 8, alinéa 3, de l'ordonnance du 2 février 1945 le juge des enfants peut prononcer une mesure de contrôle judiciaire, de même que le juge d'instruction aux termes de l'article 9, lorsque s'avère nécessaire à leurs yeux une restriction de la liberté du mineur au cours de l'instruction préparatoire. Mais le non-respect des obligations du contrôle judiciaire ne pouvait entraîner l'incarcération d'un mineur de moins de 16 ans soupçonné d'avoir participé à la commission d'un délit, pour la simple et bonne raison que la détention provisoire des mineurs de 16 ans n'est plus possible en matière correctionnelle depuis la loi du 30 décembre 1987[23]. L'article 11, alinéa 1er, de l'ordonnance de 1945 prime sur l'article 141-2 du Code de procédure pénale ; les règles spécifiques dérogent aux règles générales. Afin de contourner cet obstacle, le législateur fait appel aux centres éducatifs fermés, novation la plus médiatisée de la nouvelle loi.

Les centres éducatifs fermés, prévus à l'article 33 de l'ordonnance du 2 février 1945, auront pour vocation d'accueillir les mineurs placés en application d'un contrôle judiciaire ou d'un sursis avec mise à l'épreuve ; les mineurs feront « l'objet des mesures de surveillance et de contrôle permettant d'assurer un suivi éducatif et pédagogique renforcé et adapté à leur personnalité ». Ainsi, un nouvel article 10-2 concerne les mineurs âgés de 13 à 18 ans, mais c'est au regard des moins de 16 ans que son apport est révélateur. En matière correctionnelle, les moins de 16 ans ne pourront être

22. *D.* 1995, Somm. p. 340, obs. T. S. Renoux.
23. V. C. Guéry, note sous CA Grenoble, 3 avr. 1998, *D.* 1999, Jur. p. 107.

placés sous contrôle judiciaire que si la peine d'emprisonnement encourue est égale ou supérieure à cinq ans et lorsque le mineur a déjà fait l'objet d'une mesure éducative ou d'une condamnation — le mot est lâché — à une sanction éducative ou à une peine. La seule astreinte possible sera le placement dans un centre éducatif fermé. La décision de placement sous contrôle judiciaire ne pourra être prise qu'après un débat contradictoire au cours duquel le magistrat — juge des enfants, juge d'instruction ou juge des libertés et de la détention — entend le ministère public, le mineur et son avocat, le cas échéant le représentant du service qui suit le mineur.

Ces garanties ne peuvent qu'être approuvées, de même que la nécessité de motivation du contrôle judiciaire, y compris lorsqu'il s'applique aux plus de 16 ans. En revanche, nous serons plus réservée en ce qui concerne les conséquences éventuelles du non-respect de l'obligation du contrôle judiciaire liée au placement en centre éducatif fermé. En effet, le mineur qui fuguera du centre éducatif, pourtant fermé mais il est vrai par un verrou virtuel, pourra être placé en détention provisoire selon l'article 11, alinéa 3, de l'ordonnance de 1945, remaniée à ce niveau. Le nouvel article 11-2 indique que la durée maximale de détention sera de quinze jours, renouvelable un mois, sauf s'il s'agit d'un délit puni de dix ans d'emprisonnement, auquel cas elle pourra atteindre deux mois. Le législateur a bel et bien rétabli indirectement la détention provisoire pour les moins de 16 ans en matière correctionnelle, renvoyant quinze années en arrière. Malgré cette régression, il fut absout par le Conseil constitutionnel, sensible aux conditions procédurales établies : les dispositions afférentes au contrôle judiciaire des moins de 16 ans « n'ont privé de garantie aucune exigence de valeur constitutionnelle ».

On ne peut que souhaiter un usage modéré du contrôle judiciaire de la part des magistrats et espérer que la prise en charge réalisée dans les centres éducatifs fermés satisfera aux exigences prévues à l'article 33, le suivi éducatif devant véritablement être personnalisé afin de constituer un rempart contre la fugue. De plus, on n'oubliera pas que les mineurs âgés de 13 à 16 ans ne pourront, aux termes de l'article 11, alinéa 4, « être placés en détention que dans les seuls établissements garantissant un isolement complet d'avec les détenus majeurs ainsi que la présence en détention d'éducateurs dans des conditions définies par décret en Conseil d'État ». Quant à la fin de la détention provisoire, elle devra s'accompagner de mesures éducatives ou de liberté surveillée, indique l'alinéa 5 du même article, sauf à motiver l'absence de nécessité de ces mesures. On doit reconnaître que « la nouvelle loi n'a pas complètement éludé la réponse éducative[24] » et c'est heureux. Mais peut-être serait-il plus pertinent de réactiver la mesure de liberté surveillée préjudicielle, qui permet un suivi éducatif effectif si les moyens correspondants sont bien entendu mis en œuvre. Le placement-sanction, tel que prévu en centre éducatif fermé dans le cadre d'une mesure de contrôle judiciaire, a tendance à dénaturer le placement. Le bon usage de ce type de placement relèvera du pouvoir des magistrats en qui on doit avoir confiance, car en définitive c'est sur eux que reposera la mise en œuvre mesurée des aspects critiquables du texte. Comme l'écrivait Platon, « avec d'excellents magistrats, les mauvaises lois peuvent encore être supportables ». Notre confiance pourra, au demeurant, se manifester sur d'autres terrains, notamment au cours de la phase de jugement.

B• Le durcissement de la procédure au niveau du jugement des affaires

La solution du procès pénal, au regard des dispositions contenues dans la loi du 9 septembre 2002, apparaît caractérisée par deux impératifs : fermeté et rapidité. Depuis quelques années d'ailleurs, le législateur suit une progression qui a pour résultat de rapprocher de plus en plus le droit pénal des mineurs du droit pénal des majeurs. Un bref rappel permettra de mieux saisir le sens de l'évolution.

La loi du 8 février 1995 institua une procédure de convocation à comparaître devant le juge des enfants, convocation délivrée par le procureur de la République et notifiée par un officier de police judiciaire. La loi du 1er juillet 1996 disposa que cette convocation pourrait être désormais délivrée aux fins de jugement, dès lors qu'il existait des charges suffisantes d'avoir commis un délit et l'article 5 de l'ordonnance du 2 février 1945 fut refondu. Cette procédure n'était pas sans rappeler la convocation par OPJ prévue pour les majeurs à l'article 390-1 du Code de procédure pénale. Néanmoins, elle comportait une garantie importante : seul le juge des enfants pouvait être saisi, non le tribunal pour enfants ; en conséquence, la sanction prononcée ne pouvait être qu'une mesure éducative.

Pour les faits plus graves et commis par des récidivistes, le législateur du 1er juillet 1996 mettait en place, à l'article 8-2, la comparution à délai rapproché qui permettait au procureur de la République de requérir du juge des enfants « qu'il ordonne la comparution du mineur devant le tribunal

24. L. Gebler et Y. Guitz, *op. cit.*, *Journal du droit des jeunes*, p. 25.

pour enfants ou devant la chambre du conseil dans un délai qui ne pourra être inférieur à un mois ni supérieur à trois mois », et ce à condition que les diligences relatives à la connaissance de la personnalité du mineur aient déjà été accomplies. Le juge des enfants était maître de la décision de renvoi en jugement. Tel n'est plus le cas avec la procédure de jugement à délai rapproché instaurée par le nouvel article 14 -2 de l'ordonnance de 1945.

Certes, la procédure de jugement à délai rapproché n'est pas la procédure de comparution immédiate prévue à l'article 395 du Code de procédure pénale et impossible pour les mineurs en vertu de l'article 397-6 de ce code, mais elle lui ressemble : elle concrétise le souhait de frapper vite lorsque l'ordre public est en cause. En effet, elle permet au procureur de la République, en présence de faits commis par un mineur âgé de 16 à 18 ans, de saisir directement le tribunal pour enfants dans un délai de dix jours à un mois. Par rapport à la comparution à délai rapproché, dont une formule simplifiée est maintenue à l'article 8-2 à la rédaction revue, le jugement à délai rapproché du nouvel article 14-2 présente des différences notables : le délai est raccourci, étant auparavant de un à trois mois ; c'est le tribunal pour enfants qui est saisi et non plus le juge des enfants ; enfin et surtout, le mineur est renvoyé devant la juridiction de jugement sans que le juge des enfants ait pu orienter la procédure. Le choix effectué par le parquet s'impose au juge des enfants. Dans de telles conditions, la personnalisation de la sanction sera-t-elle effectivement respectée au cours d'un processus aussi rapide, même si l'article 14-2 précise que la procédure de jugement à délai rapproché « ne peut être engagée que si des investigations sur les faits ne sont pas nécessaires et que si des investigations sur la personnalité du mineur ont été accomplies, le cas échéant, à l'occasion d'une procédure antérieure de moins de un an ». Mais quelle devra être, véritablement, la teneur de ces investigations ? En ce qui concerne les autres garanties, qui ont contribué à emporter l'adhésion du Conseil constitutionnel, elles nous paraissent relever soit du minimum exigible — peine d'emprisonnement encourue de trois ans en cas de flagrance et de cinq ans sinon — soit de la spécificité reconnue du droit pénal des mineurs, lesquels ont droit à l'assistance d'un avocat dès le stade des poursuites en vertu de l'article 4-1. Quant au principe de spécialisation des juridictions, il nous semble subir une lézarde si l'on rappelle que la spécialisation des substituts aux mineurs n'est que partielle, ce que l'on regrettera une nouvelle fois[25]. Paradoxale-

25. V. J. Castaignède, Le ministère public et le mineur : au-delà de la répression et de la prévention, la protection et la socialisation, *in La protection judiciaire du mineur en danger. Aspects de*

ment, le juge des enfants récupère, alors qu'il perd une partie de ses pouvoirs, celui de placer en détention provisoire le mineur jusqu'à l'audience de jugement, prérogative dévolue au juge des libertés et de la détention depuis la loi du 15 juin 2000.

Il importe d'ajouter que la procédure de jugement à délai rapproché est applicable aux mineurs âgés de 13 à 16 ans, toutefois dans un cadre procédural plus strict : la peine d'emprisonnement encourue doit être d'au moins cinq ans sans pouvoir excéder sept ans, l'audience doit se tenir dans un délai de dix jours à deux mois et en attente de cette audience le procureur de la République ne peut requérir que le placement sous contrôle judiciaire du mineur. Mais l'article 14-2, VI, renvoie aux dispositions de l'article 10-2, III, qui prévoit le placement du mineur dans un centre éducatif fermé ; et si le mineur fugue, souvenons-nous qu'il pourra être placé en détention provisoire. Le durcissement de la procédure transparaît une nouvelle fois, d'autant plus que la rapidité du processus n'offrira pas toujours au mineur l'opportunité de montrer un éventuel souhait d'amendement avant le jugement, ce qui risque fort de conduire à une aggravation de la peine prononcée.

Si l'inquiétude se fait jour en ce qui concerne le jugement des mineurs auteurs de délits, elle n'est pas absente en ce qui concerne le jugement des mineurs auteurs de contraventions. En effet, le législateur a complété l'article 21 de l'ordonnance de 1945 par un alinéa qui donne compétence au nouveau juge de proximité pour les contraventions des quatre premières classes, dont la liste sera fixée par décret en Conseil d'État. Réside certainement là une lézarde supplémentaire au principe de spécialisation des juridictions, pilier sérieusement ébranlé, même si — comme le précise le Conseil constitutionnel — le juge de proximité ne fait que remplacer le juge de police en la matière. Non seulement le juge de proximité n'est pas un magistrat spécialisé, mais il est également un magistrat non professionnel. Face à des mineurs, souvent jeunes et pour la plupart primo-délinquants, une véritable prévention de la récidive doit être couplée avec une véritable spécialisation des juridictions. L'occasion d'une réforme aurait dû favoriser le développement de réponses adaptées à tous égards, tant dans leur contenu que dans leurs modalités. Telle n'a pas été en réalité l'option privilégiée.

droit interne et de droits européens, R. Nérac-Croisier et J. Castaignède (sous la dir. de), L'Harmattan, Sciences criminelles, 2000, p. 77 et plus part. p. 130.

Le durcissement au niveau du jugement trouve enfin un dernier terrain d'épanouissement : lorsque la peine encourue est supérieure ou égale à sept ans et lorsque le mineur est âgé de 16 ans révolus, ce dernier doit être obligatoirement renvoyé devant le tribunal pour enfants par le juge des enfants (article 8) ou par le juge d'instruction (article 9-3°). La cohérence de l'ensemble est certaine, mais le « pari éducatif » de l'ordonnance du 2 février 1945 n'est-il pas véritablement « aujourd'hui en péril[26] » ?

Les parents n'ont pas été oubliés par le législateur du 9 septembre 2002, l'outil privilégié à leur encontre étant la menace : menace d'une amende civile pour ceux qui ne déféreront pas aux convocations judiciaires instaurée par un nouvel article 10-1, menace de suspension des allocations familiales pour la part afférente à l'enfant placé en centre éducatif fermé par le biais d'un nouvel article 34... qui ressemble fort à l'article 40, alinéa 3. Quant à l'article 227-17 qui incrimine le fait de se soustraire à ses obligations légales, il ne sera plus nécessaire qu'un tel comportement compromette « gravement » la santé, la sécurité, la moralité ou l'éducation de l'enfant mineur, dans la mesure où cet adverbe a été supprimé, initiative qui laisse perplexe. La prévention au niveau familial passe d'abord par la revalorisation de la fonction parentale. À cet égard, on doit rappeler que la récente loi n° 2002-305 du 4 mars 2002 relative à l'autorité parentale consacre une définition rénovée de l'autorité parentale, axée sur l'intérêt de l'enfant mais qui accentue la responsabilisation des parents[27]. L'assistance éducative, qui présente des ressources certaines, permet de faire le lien entre le droit civil et le droit pénal en restreignant les hypothèses de mise en œuvre de ce dernier. La prévention de la délinquance précoce doit certainement passer par une optimisation de l'assistance éducative en milieu ouvert ; le volet répressif des réponses judiciaires ne peut être surdimensionné à l'envi. Alors, dans cette mouvance répressive repérée lors de la phase de solution du procès pénal, une seule lueur apparaît, qui concerne non plus l'auteur présumé mais la victime. Celle-ci sera admise à assister aux débats, « qu'elle soit ou non constituée partie civile », et à l'article 14 de l'ordonnance de 1945, elle prend rang en première position.

Avant de clore ces développements, il importe d'indiquer que ce texte de loi est accompagné d'un rapport annexé qui comprend, outre un résumé de

26. Nous reprenons ici le titre d'un article publié par Mme le professeur F. Dekeuwer-Défossez, *Petites Affiches*, 7 août 1995, n° 94, p. 22.

27. V. J. Castaignède, Les petits responsables, Réflexions sur la responsabilité pénale et la responsabilité civile du mineur, *op. cit.*

ses grandes lignes, des éléments relatifs aux moyens de mise en œuvre de ses dispositions. Dans les cinq années à venir, près de vingt mille emplois seront créés, dont les trois-cinquièmes au sein des services de Protection judiciaire de la jeunesse, afin de permettre une meilleure prise en charge de la délinquance des mineurs : les capacités des centres éducatifs renforcés seront augmentées, les centres éducatifs fermés seront développés et progressivement devraient être créés des établissements pénitentiaires autonomes pour mineurs. Autant de points positifs, mais qui ne gomment pas néanmoins des sentiments mitigés. Car, à la lecture de la loi du 9 septembre 2002, on ressent la fâcheuse impression que le législateur a écouté le chant des sirènes de la répression, qu'il a été bercé par l'illusion de l'efficacité naturelle des textes, alors que le problème fondamental est celui de leur effectivité. Les règles de droit ne se mettent pas d'elles-mêmes en mouvement[28], elles doivent être mobilisées par les acteurs, et peut-être toutes les ressources du droit existant n'étaient-elles pas exploitées. À l'humilité de ce constat, le législateur a préféré, une nouvelle fois, le renforcement des règles pénales qui, en l'espèce, a érodé la philosophie de l'ordonnance du 2 février 1945 et dégradé sa lisibilité.

28. V. A. Jeammaud, La règle de droit comme modèle, *D.* 1990, Chron. p. 199.

Document 2

thème : Responsabilité pénale

État de nécessité, danger réel et imminent, acte nécessaire, effraction, entrepôt, organisme génétiquement modifié, destruction

« L'essentiel »

Cour de cassation, chambre criminelle, 19 novembre 2002 :

Justifient leur décision les juges du fond qui, pour écarter l'argumentation tirée de la cause d'irresponsabilité prévue par l'article 122-7 du Code pénal et de l'atteinte à l'article 8 de la Convention européenne des droits de l'homme, et retenir la culpabilité des prévenus qui ont détruit des plants de riz génétiquement modifiés cultivés à des fins expérimentales, retiennent qu'aucune des conditions de l'état de nécessité n'est remplie et que les dispositions conventionnelles ne peuvent être utilement invoquées pour justifier le délit de destruction ou dégradation du bien d'autrui en réunion, commis dans un entrepôt après effraction.

La violence est-elle un mode légitime de contestation de la loi ?

note de Danièle Mayer

Professeur à l'Université Panthéon-Sorbonne (Paris I)

publié par

D. – Recueil Dalloz

2003, p. 1315

L'arrêt ci-dessous reproduit, rendu par la chambre criminelle de la Cour de cassation le 19 novembre 2002, rejette le pourvoi de prévenus qui invoquaient le caractère socialement utile d'une infraction de violence contre les biens.

Les prévenus avaient pénétré par effraction dans une serre de confinement appartenant à un centre de recherche agronomique et y avaient détruit plusieurs milliers de plants de riz génétiquement modifiés qui y étaient cultivés à des fins expérimentales. Poursuivis pour destruction et dégradation du bien d'autrui commises en réunion et après effraction, ils avaient reconnu la matérialité des faits et plaidé la relaxe en invoquant deux causes de justification. La première était fondée sur l'état de nécessité prévu par l'article 122-7 du Code pénal ; la seconde reposait sur l'article 8 Conv. EDH, qui garantit le droit au respect de la vie privée. L'un et l'autre de ces arguments ont été écartés de façon catégorique par les juges du fond. Et, par le présent arrêt, la Cour de cassation les en approuve.

À l'examen, il apparaît qu'aucune des causes de justification avancées n'avait de chances sérieuses d'être retenue (1–). Dès lors, il semble que la demande de relaxe ait été directement sous-tendue par une revendication de juridicité des actions de résistance à la loi par la violence. Si dérangeante soit-elle, une telle revendication a intuitivement une résonance sympathique ; seule son analyse permettra d'en démontrer le caractère pernicieux (2–).

1– La faiblesse des arguments tendant à justifier le délit de violence contre les biens

Les prévenus entendaient faire produire à l'article 8 Conv. EDH et à l'article 122-7 du Code pénal le même effet, celui de neutraliser l'incrimination de destruction et de dégradation du bien d'autrui, eu égard aux circonstances dans lesquelles les destructions et dégradations avaient été commises.

Selon les demandeurs au pourvoi, la destruction des plants de riz aurait été un moyen de sauvegarder leur droit à la vie privée garanti par l'article 8 Conv. EDH qui était menacé par les opérations de culture expérimentale des organismes génétiquement modifiés.

A priori, les prévenus ont la même conception de l'article 8 Conv. EDH que la Cour européenne des droits de l'homme. En effet, la Commission d'abord et ensuite la Cour européenne ont accepté de prendre en considération le droit de l'environnement par référence à divers droits protégés par la Convention en ses articles 2, 3, 8 et 10 et 1er de son protocole n° 1[1]. L'affirmation du pourvoi selon laquelle le droit au respect de la vie privée et familiale garanti par l'article 8 Conv. EDH « comprend le droit pour toute

1. Cf. C. Russo, Le droit de l'environnement et les décisions de la Commission des droits de l'homme et de la jurisprudence de la Cour européenne, *Mélanges L. Pettiti*, Bruylant, 1998, p. 635 s.

personne à vivre dans un environnement sain » est donc parfaitement exacte : les individus ont le droit d'être tranquilles chez eux, entre eux, ce qui implique qu'ils n'y subissent pas davantage l'intrusion de molécules néfastes à leur santé que celle des autorités publiques. Ainsi, dans un arrêt du 19 février 1998, la Cour de Strasbourg a-t-elle décidé que « les atteintes graves à l'environnement peuvent toucher le bien-être des personnes et les priver de la jouissance de leur domicile, ce qui est de nature à nuire à leur vie privée et familiale[2] ».

Encore faut-il remarquer que, dans cette affaire, si l'atteinte à l'environnement a pu être qualifiée d'atteinte à la vie privée, c'est parce qu'elle avait contraint ceux qui l'avaient subie à quitter leur domicile ; la notion de domicile fait en quelque sorte le lien entre celles d'environnement et de vie privée. Et on est en droit de se demander s'il n'y a pas là un rempart utile à conserver contre un développement démesuré de l'article 8 Conv. EDH, qui conduirait à sa dénaturation[3]. En effet, à partir du moment où un risque de modification de l'environnement sur une échelle importante serait considéré comme une atteinte au droit de la vie privée de l'ensemble des personnes qui pourraient avoir à en pâtir dans leur vie en général, l'article 8 Conv. EDH pourrait devenir le fer de lance de justiciers en dépit de sa coloration naturellement égoïste.

Et à supposer même que la vie privée comprenne l'environnement collectif dans toutes ses composantes, encore faudrait-il combiner le droit de l'article 8 avec les autres droits garantis par la Convention européenne. En effet, plus la conception d'un droit est extensive, plus souvent se posera la question de sa combinaison avec les autres droits ; et cette question ne pourra être résolue qu'en tenant compte des restrictions respectives de ces droits.

Or, dans l'affaire que nous examinons, les tribunaux ont considéré que « l'article 8 Conv. EDH doit être appliqué en respectant l'article 1er du protocole à cette convention ». Cette priorité donnée en l'espèce à l'article 1er du protocole n° 1 s'explique vraisemblablement par le fait que c'est par la violence que la propriété d'autrui a été bafouée. Les circonstances graves dans lesquelles s'est opérée la violation de l'article 1er du protocole n° 1 la

2. Arrêt *Guerra c/Italie* cité dans l'article de C. Russo.

3. Il est intéressant de noter que c'est dans une étude consacrée à l'article 8 Conv. EDH que Mme R. Koering Joulin relevait un « risque de galvaudage de la Convention européenne » (Des implications répressives du droit au respect de la vie privée de l'article 8 Conv. EDH, *Rev. sc. crim.* 1986, p. 721 s., spéc. p. 750).

rendent insusceptible de justification par l'article 8 de la Convention entendu dans sa conception la plus large. Il n'y a là, somme toute, qu'une recherche de proportionnalité entre les intérêts en présence, tout à fait conforme au mécanisme de fonctionnement de la Convention. Même si les juges ne l'ont pas indiqué expressément, c'est — semble-t-il — l'utilisation de la violence qui a fait pencher la balance.

Et cette violence a aussi eu une incidence sur l'appréciation de la cause de justification de droit interne invoquée par les prévenus, à savoir l'état de nécessité.

L'état de nécessité a dû être érigé en fait justificatif parce qu'en présence de certaines circonstances une loi pénale n'a plus logiquement de raison d'être. « Comme tout correctif de la loi, [cette notion] doit [donc] être enfermée dans de rigoureuses limites[4]. » C'est en raison de sa nature même que l'état de nécessité doit faire l'objet d'une interprétation stricte[5]. Il ne peut être retenu que lorsque la réaction a été proportionnée à la menace[6], ce qui fait que la justification de la violence par la nécessité a, *a priori*, une place restreinte. Ainsi, pour accorder le bénéfice du fait justificatif à un individu poursuivi pour délit d'entrave à une mesure de reconduite à la frontière, la Cour de Toulouse a-t-elle précisé que c'était sans violence qu'il avait refusé d'embarquer à bord d'un avion à destination de son pays d'origine[7].

De façon générale, pour pouvoir être justifiée par l'état de nécessité, la commission d'un acte illicite doit « procéder d'un choix utile, mesuré et réfléchi[8] ».

Dans l'affaire que nous commentons, la chambre criminelle de la Cour de cassation a approuvé les juges du fond d'avoir retenu qu'« aucune des conditions de l'état de nécessité n'[était] remplie en l'espèce ». Mais, en réalité, il n'était même pas nécessaire de se pencher sur chacune des

4. R. Merle et A. Vitu, *Traité de droit criminel*, t. 1, *Droit pénal général*, 7e éd., 1997, n° 468, p. 591.
5. Cf. G. Stéfani, G. Levasseur et B. Bouloc, *Droit pénal général*, Précis Dalloz, 17e éd., 2000, n° 406, p. 341 ; J.-H. Robert, *Droit pénal général*, PUF, coll. Thémis, 5e éd., 2001, p. 255 ; M.-L. Rassat, *Droit pénal général*, PUF, coll. Droit fondamental, 2e éd., 1999 ; J. Pradel, *Droit pénal général*, Cujas, 12e éd., 1999, n° 377, p. 341 ; J. Larguier, obs. sur Cass. crim., 21 nov. 1974, *Rev. sc. crim.* 1976, p. 89.
6. Cf. M. Danti Juan, *Rép. pén. Dalloz*, v° État de nécessité, n° 46.
7. CA Toulouse, 15 févr. 2001, *D.* 2003, Somm. p. 175, obs. M.-H. Gozzi ; *Rev. sc. crim.* 2002, p. 116, obs. J.-P. Delmas Saint-Hilaire.
8. M. Danti Juan, *op.* et *loc. cit.*, n° 54 ; cf. également J.-P. Delmas Saint-Hilaire, « Faits justificatifs. État de nécessité », art. 122-7, *J.-Cl. pénal*, n° 42 et 45.

conditions de l'état de nécessité, car le choix entre les intérêts en présence avait été prédéterminé par le législateur en faveur de l'intérêt sacrifié par les prévenus. Dès lors, il y avait en quelque sorte blocage du fait justificatif comme chaque fois que l'infraction tend à s'opposer à l'exercice d'une activité protégée par la loi [9]. L'impossibilité d'invoquer l'état de nécessité dans de telles circonstances est évidente lorsque le législateur a directement érigé l'entrave à l'activité autorisée en délit spécifique [10]. Mais cette impossibilité existe également lorsque — comme dans l'espèce considérée — les prévenus entendaient justifier par la nécessité une infraction plus large. Car « ce qui s'oppose à ce que la loi permet ne saurait être tenu comme nécessaire [11] ». En effet, l'éventualité d'un choix entre deux dangers qui fondent l'état de nécessité a alors été envisagée par le législateur, qui a lui-même effectué le choix entre les intérêts en conflit. Dans de telles circonstances, il semble évident qu'il n'y ait plus de place pour la décision individuelle [12], car celle-ci ne pourrait s'analyser qu'en une résistance à la loi.

Le simple fait d'invoquer l'état de nécessité pour justifier des violences qui tendent à s'opposer à une activité licite est par conséquent une véritable revendication de juridicité de la résistance à la loi par la violence.

2- La revendication de juridicité de la résistance à la loi par la violence

La question du choix entre la résistance ou l'obéissance à une loi injuste n'est pas nouvelle : elle a toujours agité les esprits comme en témoigne la différence de position entre Sophocle et Socrate. Mais la particularité de l'affaire que nous commentons tient à ce que les prévenus entendaient faire reconnaître la légalité d'une opposition violente à une activité elle-même licite. Or, cette revendication se développe à un moment où la protection du citoyen contre la loi s'est organisée institutionnellement, de telle sorte que les débordements d'une violence individuelle exercée contre la loi apparaissent encore plus nettement.

9. Cf. R. Merle et A. Vitu, *op. cit.* n° 469, p. 592.

10. Cf., par exemple, le délit d'entrave à l'IVG, *D.* 1996, IR p. 64 ; *JCP* 1996, II, n° 22713, note A. Dorsner-Dolivet ; *Droit pénal* 1996, Comm. n° 87, obs. J.-H. Robert ; *Rev. sc. crim.* 1996, p. 670, obs. J.-P. Delmas Saint-Hilaire.

11. J. Pradel, *op. cit.*, n° 382, p. 344.

12. En ce sens, J.-H. Robert, *op. cit.*, p. 272 et 273 et J. Larguier, obs. préc., p. 91 et 92.

Des instruments juridiques ont été mis en place pour parer aux risques d'injustice provenant aussi bien de la méconnaissance par le législateur des garanties fondamentales de l'individu que d'une application trop automatique de la loi.

À l'encontre du premier de ces deux dangers, des principes supralégaux, d'origine interne ou européenne, tendent à protéger les droits de l'individu. Et il revient au Conseil constitutionnel d'un côté et aux juges européens et français de l'autre d'en assurer l'effectivité.

À l'égard du second danger, celui qui tient à l'automatisme de la loi, c'est le législateur lui-même qui a réagi, en inscrivant à l'article 122-7 du Code pénal un fait justificatif d'état de nécessité[13].

Or, dans l'affaire que nous examinons, ce sont précisément ces mécanismes institutionnels de protection contre la loi que la défense a invoqués. Mais elle les a dénaturés. En effet, le fonctionnement des deux justifications invoquées implique l'octroi au juge de larges pouvoirs d'appréciation : l'état de nécessité repose sur un choix de valeurs dont le bien-fondé est contrôlé *a posteriori* par les tribunaux. De même, l'utilisation de la Convention européenne pour neutraliser l'application d'une incrimination conduit à une mise en balance des intérêts en jeu qui entre dans la mission des juridictions européennes et internes.

Or les prévenus ont fait d'emblée leurs propres choix de valeurs, sans trop s'inquiéter de ce que pourraient décider les tribunaux. Ils se sont constitués eux-mêmes en autorité souveraine en confisquant à leur profit les larges pouvoirs d'appréciation du juge[14].

La légitimation de l'utilisation de la force en découle presque naturellement, puisqu'elle est liée à la notion de souveraineté : dès lors qu'un individu s'estime souverain dans le choix des valeurs sociales, il revendique en même temps le droit d'utiliser la force pour défendre les valeurs qu'il prône, fût-ce à l'encontre des choix du législateur lui-même.

Or, si une certaine souplesse dans l'application de la loi est parfois nécessaire et salutaire, celle-ci ne peut résulter que d'une interprétation judiciaire et pas d'un choix individuel.

13. Cf., notamment, R. Merle et A. Vitu, *op. cit.*, n° 468, p. 591 ; J. Larguier, obs. préc. ; J.-P. Delmas Saint-Hilaire, *op.* et *loc. cit.*, n° 17 ; Pallard, *L'exception de nécessité en droit civil*, thèse Poitiers, 1947.

14. Pour l'analyse de ce phénomène en matière d'état de nécessité, cf. J.-H. Robert, *op. cit.*, p. 269 : « Les plaideurs qui invoquent la nécessité la confondent souvent avec leur commodité ou avec les préceptes moraux, religieux ou politiques vers lesquels penche leur préférence ».

Cass. crim., 19 nov. 2002 : LA COUR (extraits) : – Statuant sur les pourvois formés par : – X... Joseph, dit José, – Y... René, – Z... Dominique, contre l'arrêt de la cour d'appel de Montpellier, chambre correctionnelle, en date du 20 décembre 2001, qui, pour dégradation du bien d'autrui en réunion, avec effraction et, s'agissant des deux premiers, en récidive, a condamné José X... et René Y..., à 6 mois d'emprisonnement et 50 000 francs d'amende, et Dominique Z..., à 6 mois d'emprisonnement avec sursis et 25 000 francs d'amende, et qui a prononcé sur les intérêts civils ; – Vu les mémoires produits en demande et en défense ; – Sur le premier moyen de cassation, pris de la violation des articles 122-7 du Code pénal, 8 de la Convention européenne des droits de l'homme, 1er du protocole additionnel n 1 à ladite Convention, 591 et 593 du Code de procédure pénale, défaut de motifs, manque de base légale ; [...]

Attendu qu'il résulte de l'arrêt attaqué et du jugement auquel il se réfère que plusieurs personnes, parmi lesquelles José X..., René Y... et Dominique Z..., ont pénétré, après avoir brisé la porte, dans une serre de confinement appartenant au Centre de coopération internationale en recherche agronomique pour le développement (CIRAD), où elles ont détruit plusieurs milliers de plants de riz génétiquement modifiés qui y étaient cultivés à des fins expérimentales ; qu'à la suite de ces faits, les intéressés ont été poursuivis, sur le fondement des articles 322-1, 322-3, 1 et 5, et 132-10 du Code pénal du chef de destruction ou dégradation du bien d'autrui en réunion, commis dans un entrepôt après effraction et, s'agissant de José X... et René Y..., en récidive ; Attendu que, devant les juges du fond, les prévenus ont invoqué le bénéfice de la cause d'irresponsabilité prévue par l'article 122-7 du Code pénal, faisant valoir que leurs agissements étaient justifiés par le risque pour la santé et l'environnement que présentaient des organismes génétiquement modifiés et par la nécessité d'alerter sur ce point l'opinion publique ; qu'ils ont également soutenu que les poursuites engagées à leur encontre étaient contraires à l'article 8 de la Convention européenne des droits de l'homme ; Attendu que, pour écarter cette argumentation et retenir la culpabilité des prévenus, les juges du second degré retiennent, par les motifs propres et adoptés partiellement reproduits au moyen, qu'aucune des conditions de l'état de nécessité n'est remplie en l'espèce et que les dispositions conventionnelles précitées ne peuvent être utilement invoquées pour justifier le délit reproché ;

Attendu qu'en prononçant ainsi, par des motifs exempts d'insuffisance et de contradiction, les juges ont justifié leur décision ; d'où il suit que le moyen ne peut être admis ; Sur le second moyen de cassation, pris de la violation des articles 132-10 du Code pénal, 593 du Code de procédure pénale, défaut de motifs ; [...]

Et attendu que l'arrêt est régulier en la forme, rejette [...]

Document 3

thème : Circulation routière

Infraction routière, stupéfiant, usage, répression, dépistage, condition, Code de la route

« L'essentiel »

Loi n° 2003-87 du 3 février 2003 relative à la conduite sous l'influence de substances ou plantes classées comme stupéfiants :

La loi n° 2003-87 du 3 février 2003 a ajouté au Code de la route une nouvelle infraction de conduite d'un véhicule automobile après usage de substances ou de produits classés comme stupéfiants. Si les motifs d'une telle incrimination sont incontestablement admissibles, l'auteur tente de montrer que, sur le plan technique, il n'est pas certain que le texte nouveau soit parfaitement respectueux de nos principes essentiels (légalité ; présomption d'innocence) ni que la valeur ajoutée au dispositif répressif antérieur soit très considérable. *Th. G.*

Conduite automobile et usage de stupéfiants : à trop vouloir en faire...

point de vue de Emmanuel Pire

Doctorant, Institut Charles-Dumoulin, Université Paris-Sud

publié par
D. – Recueil Dalloz
2003, p. 771

La loi n° 2003-87 du 3 février 2003 (*D.* 2003, Lég. p. 469) crée une nouvelle infraction de **conduite sous l'influence de stupéfiants**, intégrée au Code de la route (articles L. 235-1 à L. 235-5). Une initiative parlementaire entendait participer au grand « chantier » du quinquennat qu'est la sécurité routière.

Les arguments sont sérieux, qui militent en faveur de la répression de la conduite sous l'influence de produits stupéfiants : tant les statistiques françaises que des expériences étrangères indiquent qu'un tel dispositif pourrait sauvegarder de nombreuses vies.

À y regarder de près, il se pourrait pourtant que le texte, mal travaillé — trop répressif ? — ne fasse que participer à l'inflation pénale sans avoir d'autre conséquence que celles liées à l'effet d'annonce. Il faut confronter la nouvelle infraction au dispositif répressif existant, au principe de légalité et à la présomption d'innocence.

1– Le dispositif existant

Dans quel environnement législatif la nouvelle infraction s'insère-t-elle ? D'un côté, le Code de la santé publique (art. L. 3421-1) punit d'un an d'emprisonnement « l'usage illicite de stupéfiants » ; de l'autre, le Code pénal (art. 222-37) sanctionne « le transport, la détention, l'offre, la cession, l'acquisition ou l'emploi illicites de stupéfiants » de dix ans d'emprisonnement. Aujourd'hui, c'est le Code de la route (art. L. 235-1) qui fixe à deux ans de prison la peine encourue pour conduite après usage de stupéfiants. Un comportement qui implique nécessairement l'usage desdits stupéfiants.

Trois codes, trois infractions, trois peines différentes pour un même fait délictueux : voilà qui ne répond pas précisément aux objectifs de lisibilité ou d'accessibilité de la loi pénale. Comment les magistrats choisiront-ils le chef de poursuites ? Le mécanisme du non-cumul des peines limite sérieusement l'intérêt pouvant résulter de la nouvelle incrimination.

En outre, il est à craindre que les interrogatoires subséquents à un contrôle routier ne révèlent fréquemment une infraction plus grave, comme par exemple un trafic, même à petite échelle. Dans ce cas, la nouvelle infraction ne sera qu'une voie procédurale d'identification des revendeurs : il est regrettable d'ouvrir la porte à des détournements de procédure, le texte perdant alors toute vocation de sécurité routière.

Le nouvel article L. 235-5 du Code de la route, de son côté, prévoit un doublement des peines prévues pour l'homicide ou les blessures involontaires lorsque cette infraction est en concours avec celle de conduite après usage de stupéfiants. La sévérité d'une telle prévision n'est qu'apparente. En effet, l'homicide et les blessures involontaires sont punis, respectivement, de trois et deux ans d'emprisonnement (articles 221-6 et 222-19, alinéas premiers, du Code pénal) : les peines résultant de l'article L. 235-5 sont donc de six et quatre ans d'emprisonnement. Or, si l'article L. 235-5 n'existait pas, la conduite après usage de stupéfiant étant sans aucun doute possible la « violation d'une obligation particulière de sécurité ou de prudence imposée par la loi » (violation du nouvel article L. 235-1 du Code de la route), les peines encourues en cas d'homicide ou de blessures seraient celles prévues par les articles 221-6 et 222-19, alinéas seconds : cinq et trois ans de prison. La nouvelle circonstance aggravante ne fait ainsi qu'augmenter d'une année la peine encourue. On est loin du doublement de peine annoncé par la loi.

Les principes de nécessité et de proportionnalité devraient interdire d'appliquer le doublement de peine aux alinéas seconds des articles 221-6 et 222-19 : ce serait punir deux fois la consommation de stupéfiants. Les juges ne pourront-ils pas tout de même doubler la peine aggravée, en identifiant une autre « violation d'une obligation particulière... », comme par exemple un excès de vitesse en agglomération ? Les peines encourues seraient alors de dix ans pour l'homicide et six ans pour les blessures involontaires, ce qui est manifestement disproportionné s'agissant de la combinaison d'une infraction punie de deux ans d'emprisonnement et d'une infraction involontaire punie de cinq ou trois ans de prison.

On touche ici à une grave carence de ce texte, qui tient à son manque de précision, et atteint ainsi le principe de légalité pénale.

2- Le principe de légalité

L'infraction dite de conduite sous l'influence de stupéfiants est définie comme le fait pour toute personne de « conduire un véhicule alors qu'il résulte d'une analyse sanguine qu'elle a fait usage de substances ou plantes classées comme stupéfiants ». *Exit*, donc, la conduite sous l'**influence** de stupéfiants. À l'instigation du garde des Sceaux, « pour éviter d'inutiles débats devant les juridictions », c'est désormais la conduite après usage de stupéfiants qui est prohibée. « Les produits stupéfiants étant illégaux le problème du dosage ou du seuil ne se posera pas » poursuit M. Perben devant l'Assemblée nationale (travaux préparatoires : *JOAN* 9 octobre 2002).

Il s'agit pourtant d'un texte du Code de la route : comment justifier la prohibition routière d'un comportement sans caractériser le trouble à la circulation, ou le danger pour les usagers de la route qui en est résulté ? Comment menacer d'un retrait de permis de conduire un délinquant dont le comportement n'a pas participé à l'insécurité routière ? Tout porte à croire que le texte, s'il avait été déféré au Conseil constitutionnel, aurait encouru la censure pour défaut de nécessité de la peine (art. 8 Décl. dr. homme) ; à tout le moins, une réserve d'interprétation aurait réintroduit le critère d'influence des stupéfiants sur la conduite comme élément constitutif de l'infraction.

Reste aux plaideurs la ressource de l'article 7 Conv. EDH sur le principe de légalité : le texte définit-il assez précisément le comportement prohibé ? L'incrimination ne prohibe la conduite que si la consommation est prouvée **par analyse sanguine**. Outre qu'il est curieux d'intégrer le mode de preuve à la définition de l'infraction, on voit mal comment une personne, ayant consommé un produit stupéfiant quelques jours auparavant, peut savoir si elle a ou non le droit de conduire. Des « kits » d'auto-analyse sanguine seront-ils disponibles ? Le fait de se trouver dans une situation illégale, en l'occurrence consommer de la drogue, ne devrait pourtant pas priver du droit garanti par l'article 7 Conv. EDH : le droit de connaître avec une précision raisonnable les limites de sa liberté. La sanction de cette disposition est l'inapplicabilité de la loi contraire.

Limiter plus strictement le champ de l'incrimination aurait évité au législateur d'encourir ces griefs : en particulier, l'incrimination de la conduite « sous l'influence » ou « sous l'empire » de produits stupéfiants permettait à l'intéressé de savoir, à tout moment, avec un degré raisonnable de certitude, s'il lui était permis de conduire ou non.

3– La présomption d'innocence

Tout à son souci sécuritaire, le législateur a repris le dispositif des articles L. 234-8 et L. 234-10 du Code de la route pour le nouvel article L. 235-3 : le refus de se soumettre aux épreuves de vérifications (de l'alcoolémie ou de la toxicomanie) est une infraction autonome, punie des mêmes peines (c'est-à-dire deux ans d'emprisonnement). Dès lors qu'une personne est impliquée dans un accident de la circulation, même purement matériel, ou si elle a commis l'une des infractions visées par le texte (dont le défaut de port de la ceinture de sécurité), elle pourra être tenue de prouver son innocence au regard de la prohibition de la conduite après usage de stupéfiant. Un tel renversement de la charge de la preuve, même grossièrement dissimulé par la création d'une incrimination autonome, ne se justifie pas par les éléments de fait recueillis par les forces de l'ordre. Se voir refuser une priorité à droite, et dès lors avoir le phare de sa voiture brisé, justifie-t-il une présomption de culpabilité d'avoir consommé des stupéfiants ?

Le mécanisme repose sur l'*a priori* selon lequel seuls les coupables refuseront de se soumettre aux vérifications. Seuls les délinquants ayant à se plaindre de l'atteinte à la présomption d'innocence, pourquoi respecter ce principe ? Il faut sans doute permettre aux policiers d'exercer efficacement leur mission, mais les principes fondant la démocratie doivent impérativement être respectés, au premier chef en matière pénale. Plus concrètement, des convictions personnelles (comme celles des Témoins de Jéhovah) peuvent faire obstacle à un certain nombre d'analyses, et le dispositif actuel revient à pénaliser une croyance d'ordre religieux. Par ailleurs, rendre impérative une atteinte à l'intégrité du corps humain aurait mérité d'être sérieusement justifié au regard des objectifs poursuivis.

Rappelons que l'intégration du mode de preuve (l'analyse sanguine) dans l'incrimination elle-même interdira au juge d'apprécier souverainement les faits de la cause, comme il peut le faire dans le cadre de l'alcoolémie. Les recours à l'incrimination de refus de vérifications risquent alors de se multiplier. Dans le dispositif traditionnel, le juge préférait souvent interpréter souverainement le refus du suspect, avec d'autres éléments comme les témoignages des policiers, ce qui était conforme à la fois à la présomption d'innocence (du moins en apparence) et à la liberté de la preuve en matière pénale. Avec les nouveaux textes, la seule garantie des citoyens contre l'arbitraire de la police se trouve dans le coût prohibitif des tests sanguins : près de 250 euros le test, aux frais du ministère de la Justice. Maigre protection.

Ici encore, les foudres européennes — sur le strict plan de la présomption d'innocence (article 6, § 2, Conv. EDH), ou en considération de la liberté de religion et de la prohibition des discriminations — pourraient bien vouer le texte à l'inapplicabilité.

Quelle que soit la valeur juridique du texte, le message social sur la dangerosité de la drogue au volant sera sans doute diffusé. Mais des actions plus directement informatives n'auraient-elles pas été plus efficaces qu'un texte destiné à rejoindre les milliers d'infractions inutiles que compte le droit pénal ?

Document 4

thème : Peine

Peine privative de liberté, suspension ; ordre public ; condition

« L'essentiel »

Cour de cassation, chambre criminelle, 12 février 2003 :

Le procureur général ne saurait faire grief à une cour d'appel d'avoir dit que la suspension de la peine n'était pas de nature à troubler l'ordre public, compte tenu de l'âge et de l'état de santé de l'intéressé, sans rechercher l'existence d'éléments extérieurs à la personne de celui-ci, au regard de la gravité et du retentissement d'une condamnation prononcée pour crime contre l'humanité. Au demeurant, les deux obligations, prévues par l'article D. 147-2, 1 et 2, du Code de procédure pénale, imposées par la cour d'appel à l'intéressé, quant au lieu de sa résidence ou de son hospitalisation et à la nécessité d'informer le juge de l'application des peines de toute modification, ne sont pas incompatibles, dès lors que l'une comme l'autre sont destinées à permettre de vérifier que les conditions fixées par l'article 720-1-1, alinéa 1er, du même code demeurent remplies.

La confirmation de la suspension médicale de la peine de M. Papon

note de Martine Herzog-Evans

Maître de conférences à l'Université de Nantes, laboratoire Droit et changement social

publié par
D. – Recueil Dalloz
2003, p. 1065

La suspension médicale de peine a tout juste un an en sorte qu'une première approche de la jurisprudence peut désormais en être esquissée. À cet égard l'affaire ici examinée[1] est topique en ce qu'elle souligne que l'une des questions centrales posées par cette mesure humanitaire tient à la possibilité,

1. V. E. Noël, Un arrêt fondamental pour les détenus malades, *Libération*, 14 févr. 2003.

pour les juges, d'ajouter aux exigences de l'article 720-1-1 du Code de procédure pénale des conditions supplémentaires et spécialement relatives au risque pour l'ordre public qu'il puisse y avoir à élargir un malade (1–). Moins courantes sont les interrogations relatives au régime de cet aménagement de peine et, spécialement, aux mesures de contrôle et obligations particulières qui peuvent être imposées à son bénéficiaire (2–).

1– Suspension médicale de peine et ordre public

Le sens à donner à l'ordre public, pour l'application de la suspension médicale de peine suscite des interrogations (A), ce qui rend l'interprétation de l'arrêt de la chambre criminelle délicate (B).

A• Sens de la condition tenant à l'ordre public

M. Papon avait bénéficié d'une suspension de peine médicale[2], confirmée en appel[3], en application de la loi n° 2002-303 du 4 mars 2002[4]. Cette libération devait être fortement contestée dans la population comme parmi les familles de victimes. Aussi n'est-il pas surprenant que le procureur général près la cour d'appel de Paris ait formé un pourvoi contre la décision litigieuse[5]. L'arrêt d'appel avait opportunément écarté toute condition tenant aux efforts de resocialisation du condamné. Il n'avait pas plus examiné, sans s'en expliquer, la question de l'indemnisation des parties civiles, couramment retenue en jurisprudence[6], même si c'est le plus souvent de manière incidente. En revanche, la cour d'appel de Paris devait retenir, pour accorder la suspension de peine, qu'elle n'était « pas de nature à troubler l'ordre public ». Cette condition, ajoutée à la loi par la jurisprudence, se retrouve dans la plupart des jugements.

Elle constituait le premier moyen du pourvoi. Le procureur général reprochait à l'arrêt d'appel d'avoir accordé la suspension de peine médicale

2. Sur cette mesure, V. M. Herzog-Evans, *Droit de l'application des peines*, Dalloz Référence, 2002, n° 44.61 et s., 44.111 et s., 44.121 et 62.205 et s.
3. V. CA Paris, 13e ch. B., 18 sept. 2002, *D.* 2002, Jur. p. 2893, note M. Herzog-Evans.
4. L. n° 2002-303, 4 mars 2002, relative aux droits des malades et à la qualité du système de santé, *JO* n° 54, 5 mars 2002, p. 4118 ; P. Jourdain, A. Laude, J. Penneau, S. Porchy-Simon, *Le nouveau droit des malades*, Litec, Carré-Droit, 2002.
5. L'action parallèle des familles de victime était vouée à l'échec, en raison de leur intervention tardive dans la procédure : elles se produisaient pour la première fois devant la Cour de cassation.
6. V. par ex. JRLC Rouen, *C.*, 17 janv. 2003 (Dossier JRLC n° 2002/31, inédit).

« sans rechercher l'existence d'éléments extérieurs à la personne de celui-ci, au regard de la gravité et du retentissement d'une condamnation prononcée pour crime contre l'humanité ». La contestation portait donc sur l'absence de vérification du risque pour l'ordre public constitué par l'élargissement anticipé du condamné. C'était proposer une interprétation de la condition d'ordre public distincte de celle qu'avait retenue la cour d'appel. En effet, pour conclure à l'absence de risque, la cour avait invoqué « son âge et... son état de santé ». Pour la cour, il fallait donc déterminer si le condamné conservait une dangerosité sociale. Pour le procureur général, il s'agit manifestement de rechercher également si l'élargissement lui-même peut générer des troubles, dans le public. C'est que, en droit de l'application des peines, les juridictions compétentes (JAP ou JRLC) peuvent se borner à l'examen du noyau dur de l'ordre public, soit la sécurité publique et vérifier en ce sens si persiste une dangerosité ou un risque de récidive. Mais elles peuvent aussi élargir l'analyse à l'ordre lui-même et en conséquence envisager les réactions du public à la libération du condamné.

Dans le domaine voisin de la libération conditionnelle, les deux acceptions de l'ordre public, condition de source là aussi jurisprudentielle, sont susceptibles d'être retenues[7]. Au contraire, en matière de suspension de peine médicale, les juges se limitent habituellement à l'examen du risque pour la sécurité publique. C'est que, alors que l'article 729 du Code de procédure pénale énonce que la libération conditionnelle tend notamment à la prévention de la récidive, en sorte qu'un support textuel même imparfait peut être trouvé à la création jurisprudentielle, pour la suspension de peine médicale, l'article 720-1-1 du même code n'a d'autre exigence que celle tenant à l'état de santé du condamné. La lettre de la loi comme son esprit, purement humanitaire, semblent bien exclure l'ajout de toute autre condition que celle-là.

Précisément, la Cour de cassation énonce ici que l'article 720-1-1 « ne fixe aucune condition tenant à la nature des infractions sanctionnées ou à l'existence d'un risque de trouble à l'ordre public ».

7. Par ex. dans l'arrêt *H.*, la JRLC de Caen (26 avril 2001, *D.* 2002, Jur. p. 837, note M. Herzog-Evans) a recherché s'il risquait de se produire des troubles dans le public, même si elle devait conclure qu'il ne pouvait s'agir d'un élément déterminant face à des efforts persistants de resocialisation.

B• Sens de l'arrêt de la Cour de cassation

Le sens de cette solution est pour le moment incertain. Une première interprétation, minimaliste, peut retenir que la Cour s'est bornée à écarter l'analyse faite dans le premier moyen, par le procureur général, qui semblait élargir le contrôle du risque pour la sécurité au risque pour l'ordre **dans** le public. Une seconde interprétation, maximaliste, peut être que la Cour a entendu écarter toute adjonction aux conditions de l'article 720-1-1, en sorte que la jurisprudence qui s'est développée depuis un an, du côté des juges du fond, doit être invalidée, aucune recherche de la dangerosité du condamné n'étant en conséquence admissible. Il est naturellement trop tôt pour être affirmatif.

Dans le sens de la première analyse, minimaliste, de l'arrêt de la Cour, il peut être retenu que les juridictions d'application de la peine doivent nécessairement concourir à la sécurité publique[8], les peines devant notamment tendre vers cet objectif, comme l'avait posé le Conseil constitutionnel dans sa décision du 20 janvier 1994[9], l'État pouvant d'ailleurs être sanctionné en cas de récidive[10].

Cependant les arguments sont plus nombreux et plus pertinents dans le sens de la seconde interprétation de l'arrêt de la Cour de cassation. Sur le plan textuel, peut tout d'abord être invoquée la volonté du législateur, dans la lettre comme dans l'esprit purement humanitaire, de la loi du 4 mars 2002, en sorte que seul doit compter l'état du malade. Le contenu même de l'arrêt de la Cour de cassation fournit en outre deux autres arguments. En premier lieu, la Cour fait précéder la formule selon laquelle la loi ne « fixe aucune condition » d'un rappel de celles que, au contraire, l'article 720-1-1 retient bel et bien et relatives à l'état de santé du condamné[11].

8. Même s'il faut regretter qu'aucune disposition d'ordre général n'éclaire les orientations des décisions des JAP et JRLC, lesquelles devraient pouvoir se regrouper autour du triptyque : individualisation, resocialisation, sécurité.

9. Cons. const., 20 janv. 1994, décis. n° 93334, *JO* 26 janv. 1994, spéc. p. 1381 ; *Gaz. Pal.* 1994, 1, lég. p. 220.

10. V. CE, 2 déc. 1981, *Garde des Sceaux min. Just. c/Theys*, *Lebon*, p. 456 ; *D.* 1982, Jur. p. 550, note Tedeshi ; *JCP* 1982, II, n° 19905, note B. Pacteau ; *Quot. jur.* 1982, n° 11, 4, note F. Moderne. V. aussi, pour l'ensemble des aménagements de peine : CE, Sect., 29 avr. 1987, *Garde des Sceaux, min. Just. c/Banque populaire de la région de Strasbourg*, *Lebon*, p. 158 ; *Dr. adm.* 1987, 376 ; *D.* 1987, IR p. 124, comm. F. Moderne et Bon ; *RFDA* 1987, p. 488, chron. Azibert ; *JCP* 1988, II, n° 20920, note B. Pacteau.

11. Il est d'ailleurs à noter que l'enjeu de la plupart des dossiers de suspension médicale de peine réside dans l'interprétation de cette condition, spécialement dans sa seconde branche, s'agissant des condamnés dont l'état est durablement incompatible avec la détention. À cet égard,

Ensuite, et surtout, il faut noter que la Cour réunit, pour les exclure, les deux acceptions de l'ordre public, lorsqu'elle vise tout d'abord la nature et la gravité des infractions reprochées au condamné (ce qui renvoie à la sécurité publique au travers de la dangerosité du requérant), puis le risque pour l'ordre. La Haute Juridiction semble donc bien écarter et la vérification du risque pour la sécurité publique et celle tenant à l'ordre au sens strict. Reste à savoir si les juges du fond se plieront à une solution qui, quoique conforme à la loi, s'éloigne des pratiques dominantes.

Il est d'ailleurs à notre sens préférable que les juges « jouent franc jeu », et, par conséquent, recherchent et motivent leurs décisions au regard de la sécurité publique et de la dangerosité du condamné. À défaut, ils peuvent choisir de se réfugier dans une interprétation exagérément restrictive de la condition médicale de la suspension de peine. D'ores et déjà, nombre de juridictions rejettent des demandes de suspensions médicales de peine au motif que le requérant ne serait pas suffisamment malade ou que son état ne serait pas réellement incompatible avec la détention, dans des situations où cela est manifestement inexact, ce qui masque mal la crainte qu'elles nourrissent au regard de l'ordre public. Cette tentation est suffisamment grande[12] pour que l'on craigne que, si les juges du fond se voient interdire tout examen de la dangerosité du condamné par la Cour de cassation, ils ne risquent d'aller plus loin encore.

À supposer maintenu un examen de la dangerosité du condamné, les éléments qui y concourent devraient en tout état de cause être soigneusement motivés et ne sauraient uniquement tenir à son passé pénal ou à la contestation de son infraction. Cette vérification n'a, en outre, de sens que dans les cas où, comme dans l'affaire *Papon*, il se trouve dans la seconde situation envisagée par l'article 720-1-1, soit l'état de santé incompatible avec le maintien en détention. Dans la première, soit lorsque le condamné est mourant, la question de la dangerosité ne se pose pas. Ainsi dans un arrêt de la cour d'appel de Toulouse, en date du 23 mai 2002[13], cette juri-

les arrêts CEDH, *Papon c/France* du 7 juin 2001 (*D.* 2001, Jur. p. 2335, note J.-P. Céré) et *Mouisel c/France* du 14 nov. 2002 (*D.* 2002, Jur. p. 303, note H. Moutouh ; *JCP* 2003, I, n° 2109, chron. F. Sudre ; J.-P. Céré, Le maintien en détention de malades graves constitue un traitement inhumain et dégradant, *RTDH* 2003, à paraître) devraient servir d'inspiration.

12. V. par ex. une affaire *C.* (JRLC Rouen, 27 sept. 2002, *Dossier JRLC* n° 02/19, inédit) où la juridiction retenait « complémentairement » que le condamné avait commis des actes graves qu'il continuait à contester, mais où, principalement, elle avançait que le pronostic vital n'était pas encore assez engagé, en présence d'un état de santé pourtant passablement compromis.

13. N° 2002/00269, inédit, disponible sur le site www.legifrance.gouv.fr.

diction s'appuyait-elle notamment, pour accorder la suspension médicale de peine, sur le fait que le condamné, en raison de son état de détérioration physique et psychique, ne présentait plus de dangerosité et ne pourrait pas mettre à profit la suspension de peine pour se soustraire à l'exécution de la sanction.

Un moyen de s'assurer de la personne d'un condamné présentant des risques peut être de lui imposer des mesures de contrôle strictes.

2- Régime de la suspension de peine médicale

Le second moyen du pourvoi tenait au régime même de la suspension de peine médicale et, plus précisément, aux obligations particulières que la juridiction de jugement peut imposer à son bénéficiaire, en application de l'article D. 147-2 du Code de procédure pénale (A), dont la contradiction était soulevée, mais devait être écartée par la chambre criminelle (B).

A• Obligations et mesures de contrôle

Le décret n° 2002-619 du 26 avril 2002, dont l'objet était de préciser les modalités de la loi précitée du 4 mars 2002, autorise le JAP ou la JRLC, accordant la suspension de peine médicale, à imposer au malade des mesures de contrôle et des obligations particulières.

La plupart des aménagements de peine comportent aujourd'hui cette faculté. Ils se réfèrent tantôt au modèle des articles 132-44 et 132-45 du Code pénal, initialement prévu pour le sursis avec mise à l'épreuve, tantôt à celui des articles D. 534 à D. 536 du Code de procédure pénale, initialement prévu pour la libération conditionnelle. Sous réserve de noter que, pour le suivi socio-judiciaire, le législateur a prévu des dispositions spécifiques, s'ajoutant à celles du sursis avec mise à l'épreuve[14], ces deux séries de textes constituent le droit commun des mesures de contrôle et obligations particulières.

Depuis quelques années, la tendance est à la généralisation de la possibilité d'imposer des mesures de contrôle et surtout des obligations particulières. Un premier renvoi à l'article D. 536 — soit exclusivement aux obligations particulières — avait été réalisé par le décret n° 86-462 du 14 mars 1986, en matière de semi-liberté[15]. Mais c'est surtout dans la

14. V. art. 131-36-2 C. pén.
15. Art. D. 138 C. pr. pén.

période la plus récente que le mouvement s'est accéléré. Ainsi, le décret n° 98-1099 du 8 décembre 1998 a-t-il ajouté, pour les placements à l'extérieur sans surveillance, un renvoi à l'article D. 536[16]. Ensuite le décret n° 2000-1213 du 13 décembre 2000, portant application de la loi « présomption d'innocence », a opéré ce même renvoi pour les permissions de sortir[17]. Enfin l'avant-projet de loi sur l'adaptation des moyens de la justice aux évolutions de la criminalité entend-il étendre cette faculté aux réductions de peine (article 68).

Pour la suspension médicale de peine, le pouvoir réglementaire a adopté cette même logique, tout en adaptant le régime des mesures de contrôle et obligations particulières. Contrairement au suivi socio-judiciaire, il ne s'est pas borné à ajouter des dispositions spéciales à un renvoi général à l'un des deux systèmes déjà connus, et d'ailleurs similaires ; il a préféré créer un régime entièrement spécifique à l'article D. 147-2 du Code de procédure pénale. Bien que proche, à bien des égards, des articles 132-44 à 132-45 du Code pénal et D. 534 à D. 536 du Code de procédure pénale, ce texte n'en contient pas moins des aménagements destinés à tenir compte de l'état de santé du condamné[18]. Il comporte notamment plus de mesures de contrôle que d'obligations particulières, contrairement aux régimes de droit commun, dont certaines étaient contestées en l'espèce.

B• Absence de contradiction entre les mesures de contrôle

Le 1° de l'article D. 147-2 énonce que le condamné peut être astreint à « établir sa résidence ou être hospitalisé dans un lieu ou un établissement déterminé par la juridiction ». Précisément, M. Papon avait été astreint à établir sa résidence à Gretz-Armainvilliers, en Seine-et-Marne. La fixation de résidence est une obligation classique en droit commun. L'article D. 147-2 se borne à y ajouter qu'elle peut être établie en un lieu d'hospitalisation. Ceci ne fait cependant pas obstacle à ce qu'elle soit arrêtée au domicile de l'intéressé. Le 2° de l'article D. 147-2 prévoit encore qu'il puisse être imposé au condamné de « tenir le juge de l'application des peines

16. V. art. D. 136 C. pr. pén.
17. V. art. D. 142, al. 1, C. pr. pén.
18. Pour une étude de ces mesures, V. M. Herzog-Evans, *Droit de l'application des peines*, *op. cit.*, n° 44.122 et s.

informé de son lieu de résidence ou d'hospitalisation et l'informer de toute modification ».

Le procureur général soulevait l'existence d'une contradiction entre ces deux dispositions. La Cour devait fort justement relever que telle était cependant la lettre de l'article D. 147-2 et que les deux mesures de contrôle avaient pour objet identique de « permettre de vérifier que les conditions fixées par l'article 720-1-1, alinéa 1er, du même code demeur(assent) ».

Cette formule peu claire marque bien que les deux contraintes qui peuvent être imposées au condamné constituent des mesures de contrôle et non des obligations particulières, dont l'objet est incontestablement de s'assurer de la personne de celui-ci et notamment de pouvoir, le cas échéant, réaliser les expertises de vérification[19] ou actes de surveillance nécessaires[20].

C'est que la fixation de résidence, telle qu'elle est entendue par l'article D. 147-2, 1°, est souple. À cet égard, elle se distingue du régime propre à la libération conditionnelle. En effet, l'article D. 534 du Code de procédure pénale dispose que « le juge de l'application des peines peut autoriser le libéré conditionnel à changer de résidence ». Il en découle que ce changement est soumis à l'autorisation du magistrat. En revanche, en matière de sursis avec mise à l'épreuve, et pour les aménagements de peine qui y renvoient (par exemple, le placement sous surveillance électronique)[21], l'article 132-44, 4°, du Code pénal dispose que le condamné doit ordinairement « prévenir le travailleur social de ses changements de résidence », tandis que l'article 132-44, 5° précise que ce n'est que lorsqu'un changement de résidence serait de nature à mettre obstacle au respect de ses obligations qu'il doit solliciter une autorisation. Pour la suspension de peine médicale le pouvoir réglementaire a fait preuve de plus de souplesse encore. Toutefois, l'article D. 147-2, 3° permet à la juridiction compétente de limiter les changements de résidence du condamné lorsqu'il énonce qu'il peut lui imposer de « fixer sa résidence ou son lieu d'hospitalisation dans les limites territoriales déterminées par la juridiction », ce qui ne semblait pas être le cas pour M. Papon.

19. V. art. 720-1-1, al. 5, C. pr. pén.

20. Par exemple, « recevoir les visites du travailleur social du service pénitentiaire d'insertion et de probation et lui communiquer les renseignements ou documents de nature à permettre le contrôle de l'exécution de ses obligations » ou encore « répondre aux convocations du juge de l'application des peines ou du travailleur du service pénitentiaire d'insertion et de probation si son état de santé lui permet de se déplacer » (art. D. 147-2 respectivement aux points 6° et 7°).

21. V. art. 723-10 C. pr. pén., qui renvoie aux articles 132-43 à 132-46 du Code pénal.

Même si, en l'espèce, il n'existait pas de contradiction entre les deux obligations imposées à ce condamné, il n'en demeure pas moins que, sur un plan général, la confusion des renvois, les différences injustifiées entre les régimes existants, leur caractère incomplet, notamment lorsqu'il n'est renvoyé qu'à des obligations particulières et non à des mesures de contrôle, méritent que l'on s'y attache et que l'on envisage, un jour, une unification. C'est soulever la difficulté, pour les praticiens, à manier un « droit patchwork », et la nécessité corrélative de s'atteler à un urgent et indispensable travail de codification de l'application des peines privatives comme restrictives de liberté[22].

À cet égard, il n'est pas indifférent de relever que le présent arrêt ouvre incidemment une voie de recours en matière d'obligations particulières imposées au condamné, alors que le législateur avait délibérément écarté ce type de décisions du domaine des recours ouverts par la loi du 15 juin 2000 en matière de mesures juridictionnalisées (V. articles 722, alinéas 1 et 6, et 722-1, alinéa 1 et 5, C. pr. pén., auxquels renvoie, pour la suspension médicale de peine, l'article 720-1-1, alinéas 4 et 5, C. pr. pén.). Il n'est pas certain que cette conséquence ait été vue par la chambre criminelle. Si elle venait néanmoins à être confirmée, elle serait probablement l'apport majeur de la présente décision.

Cass. crim., 12 févr. 2003 : LA COUR : – Statuant sur le pourvoi formé par : – Le procureur général près la cour d'appel de Paris, contre l'arrêt de ladite cour d'appel, 13e chambre, en date du 18 septembre 2002, qui a ordonné la suspension de la peine de dix ans de réclusion criminelle prononcée contre X, pour complicité de crimes contre l'humanité, par arrêt du 2 avril 1998 de la cour d'assises de la Gironde ;

Sur la recevabilité des interventions des associations L..., l'U... et F... : – Attendu que les interventions de ces associations, qui se produisent pour la première fois devant la Cour de cassation, sont irrecevables ; que, dès lors, les mémoires ne peuvent être examinés ; – Attendu qu'il résulte des pièces de la procédure que X, né le 3 septembre 1910, condamné par arrêt du 2 avril 1998 de la cour d'assises de la Gironde, pour complicité de crimes contre l'humanité, notamment à dix ans de réclusion criminelle, a commencé à exécuter cette peine, le 22 octobre 1999, à la maison d'arrêt de Fresnes puis à celle de la Santé ; que, par décision du 3 juin 2002, le juge de l'application des peines de Paris a rejeté la requête du condamné tendant à la suspension de la peine sur le fondement de l'article 720-1-1 du Code de procédure pénale, issu de la loi du 4 mars 2002 relative aux droits des malades et à la qualité du système de santé ; – Attendu que l'arrêt attaqué, statuant sur l'appel de X, ordonne la suspension de la peine privative de liberté et astreint le condamné à établir sa résidence à [...] ainsi qu'à tenir le juge de l'application des peines de Melun informé de toute modification de son lieu de résidence ou de son hospitalisation ; que la cour d'appel relève qu'il ressort des conclusions des

22. V. M. Herzog-Evans, *Les réformes engagées imposent une codification*, interview par I. Mansuy, *Dedans-Dehors*, janv. 2003, p. 6-7.

deux collèges d'experts désignés par le juge de l'application des peines saisi de la requête, qui ont procédé à des expertises médicales distinctes, que X présente un faisceau de pathologies engageant le pronostic vital et que son état de santé est durablement incompatible avec la détention ; que les juges ajoutent que la suspension de peine, compte tenu de l'âge et de l'état de santé du condamné, n'est pas de nature à troubler l'ordre public ;

En cet état ;

Vu les mémoires produits, en demande et en défense ; – Sur le premier moyen de cassation, pris de la violation des articles 593 et 720-1-1 du Code de procédure pénale, insuffisance ou contradiction de motifs, manque de base légale ; – Attendu que le procureur général ne saurait faire grief à l'arrêt d'avoir dit que la suspension de la peine n'était pas de nature à troubler l'ordre public, compte tenu de l'âge et de l'état de santé de X, sans rechercher l'existence d'éléments extérieurs à la personne de celui-ci, au regard de la gravité et du retentissement d'une condamnation prononcée pour crime contre l'humanité ; qu'en effet, l'article 720-1-1, alinéa 1er, du Code de procédure pénale, qui prévoit la possibilité de suspendre une peine privative de liberté, qu'elle qu'en soit la nature ou la durée, et pour une durée qui n'a pas à être déterminée, à l'égard des condamnés dont il est établi qu'ils sont atteints d'une pathologie engageant le pronostic vital ou que leur état de santé est durablement incompatible avec le maintien en détention, ne fixe aucune condition tenant à la nature des infractions sanctionnées ou à l'existence d'un risque de trouble à l'ordre public ; d'où il suit que le moyen doit être écarté ;

Sur le second moyen de cassation, pris de la violation des articles 593, 720-1-1 et D. 147-2 du Code de procédure pénale, défaut de base légale ; – Attendu que, contrairement à ce que soutient le moyen, les deux obligations, prévues par l'article D. 147-2, 1° et 2°, du Code de procédure pénale, imposées par la cour d'appel à X, quant au lieu de sa résidence ou de son hospitalisation et à la nécessité d'informer le juge de l'application des peines de toute modification, ne sont pas incompatibles, dès lors que l'une comme l'autre sont destinées à permettre de vérifier que les conditions fixées par l'article 720-1-1, alinéa 1er, du même Code demeurent remplies ; d'où il suit que le moyen ne saurait être accueilli ;

Et attendu que l'arrêt est régulier en la forme, rejette [...].

Document 5

thème : Preuve

Discrimination, preuve, loyauté

« L'essentiel »

Cour de cassation, chambre criminelle, 11 juin 2002 :

« *Idem non esse et non probari.* » En France, la discrimination raciale est mise en cause depuis plusieurs décennies, pourtant des discriminations de plus en plus nombreuses sont observées sur le territoire national, qui demeurent impunies. La raison en est simple : l'extrême difficulté de preuve du mobile discriminatoire. Le législateur y a récemment remédié, comme l'y invitait une directive européenne, mais dans le domaine limité de l'accès à l'emploi ; la pratique a donc inventé un autre mode de preuve, le *testing*, dont la loyauté peut être discutée, et que la chambre criminelle de la Cour de cassation a néanmoins admis dans sa décision du 11 juin 2002.

Testing or not testing ? La chambre criminelle de la Cour de cassation valide ce mode de preuve, serait-il déloyal... À propos de l'arrêt de la chambre criminelle du 11 juin 2002[1]

chronique de Laurence Collet-Askri

Maître de conférences à la Faculté de droit d'Orléans, Centre de recherche juridique Pothier

publié par
D. – Recueil Dalloz
2003, p. 1309

1. – **Un vendredi soir en France...** des jeunes décident de passer la soirée en discothèque, quoi de plus fréquent ? Des jeunes d'origine maghrébine se

1. Pourvoi n° 01-85.559, *Bull. crim.*, n° 131 ; *D.* 2002, IR p. 2657 ; *Rev. sc. crim.* 2002, p. 879, obs. J.-F. Renucci ; V. aussi pourvoi n° 01-85.560, inédit, du même jour.

font refouler consécutivement à l'entrée de deux discothèques, quoi de plus banal ? En cette période où les médias relatent les faits divers les plus sordides face auxquels l'efficacité du droit est mise à mal, est-il bien raisonnable de s'attarder sur ces questions festives, surtout, le droit pénal n'a-t-il pas d'autres problèmes à traiter ? On aurait tort de minimiser l'impact de ces incivilités sur les individus qui en sont les victimes et bien au-delà sur la cohésion de la nation.

2. – Le législateur français ne s'y est pas trompé qui, au fil des siècles, a doté le pays d'un impressionnant arsenal législatif pour combattre le racisme[2]. La valeur sociale qu'il s'agit de protéger est fondamentale, elle est consubstantielle à la République, il s'agit de l'égalité des individus ; ce n'est certes pas un hasard si le législateur révolutionnaire a fait figurer ce principe fondateur à l'article 1er de la Déclaration des droits de l'homme et du citoyen du 26 août 1789 : « Les hommes naissent et demeurent libres et égaux en droits. Les distinctions sociales ne peuvent être fondées que sur l'utilité commune ».

Dans la lignée de ce texte aujourd'hui de valeur constitutionnelle, et s'agissant plus particulièrement du thème qui nous occupe, les révolutionnaires adoptèrent deux textes fondamentaux, le premier pour conférer ou plus exactement pour **reconnaître** (un droit naturel), la citoyenneté aux Juifs français[3], le second pour abolir l'esclavage[4] mais ce dernier ne resta qu'une pétition de principes[5] puisqu'il fallut attendre 1848[6] et Victor Schoelcher pour que cette abolition fût effective[7].

3. – Les textes en cause en l'espèce sont beaucoup plus récents[8], il s'agit des articles 225-1 et 225-2, 1°, du Code pénal, le premier incriminant, le

2. Pour le droit comparé au sein des États membres de l'Union européenne : *Moyens juridiques pour combattre le racisme et la xénophobie*, Luxembourg, Office des publications officielles des Communautés européennes, 1993.

3. Loi du 27 septembre 1791 (à l'initiative de l'abbé Grégoire).

4. Décret du 16 pluviôse an II (4 février 1794).

5. L'esclavage fut officiellement rétabli en 1802 par Bonaparte (loi du 20 floréal an X).

6. Décret du 27 avril 1848 ; puis Constitution de la IIe République, article 6 : « L'esclavage ne peut exister sur aucune terre française ».

7. Le Parlement français a parachevé cette évolution législative en adoptant la loi n° 2001-434 du 21 mai 2001 (*D.* 2001, Lég. p. 1853) tendant à la reconnaissance de la traite et de l'esclavage en tant que crime contre l'humanité ; au niveau international, v., à propos de la conférence de Durban contre le racisme, les discriminations raciales, la xénophobie et l'intolérance (31 août-8 septembre 2001), Y. Laurin, Un fonds international d'indemnisation des victimes du racisme, *D.* 2001, Chron. p. 2308.

8. Entre les deux on pourrait citer la loi du 10 juillet 1936 relative aux groupes de combats et aux milices privées dont l'article 1er (6°) dispose que seront dissous toutes les associations ou groupements de fait qui « soit provoqueraient à la discrimination, à la haine où à la violence envers deuxième réprimant différentes discriminations dont celles **fondées sur l'appartenance ou la non-appartenance, vraie ou supposée, à une ethnie, une nation, une race ou une religion déterminée** que nous dénommerons ci-après discrimination raciale. Punissables en tant que tels depuis la loi du 1er juillet 1972 modifiée depuis lors à plusieurs reprises, ces comportements ne sont réprimés qu'**en considération du mobile discriminatoire qui a inspiré leur auteur**[9].

4. – L'exigence d'un mobile discriminatoire se comprend aisément; il est tout à fait légitime pour un gérant de discothèque de faire en sorte de ne pas laisser entrer dans son établissement des personnes totalement ivres ou encore armées, même simplement menaçantes : il se doit d'opérer cette sélection afin d'assurer la sécurité de ses clients. De même, dans un tout autre domaine, le contrat de travail est un contrat *intuitu personae* et il est tout à fait légitime pour un employeur de choisir, entre deux candidats de qualifications équivalentes, celui qui lui apparaît le mieux convenir au poste. Il n'est donc pas question de réprimer pénalement de telles discriminations qui, pour reprendre les termes mêmes de l'article 1er de la Déclaration des droits de l'homme et du citoyen, sont **fondées sur l'utilité commune**.

Pour être incriminée, la discrimination doit donc être inspirée par un mobile illégitime, contraire au principe fondamental d'égalité des individus; en l'espèce leur origine maghrébine serait, selon le pourvoi, la raison pour laquelle les jeunes ont été refoulés à l'entrée des discothèques.

5. – En règle générale le mobile est indifférent en droit pénal[10], il doit être distingué de l'intention qui est une condition de mise en œuvre de la responsabilité pénale de l'auteur pour la plupart des infractions[11]. L'intention classiquement décomposée en volonté infractionnelle et en conscience infractionnelle est la condition psychologique[12] de la responsabilité pénale. Comme telle, elle est difficile à prouver puisqu'elle suppose qu'on scrute

une personne ou un groupe de personnes à raison de leur origine ou de leur appartenance ou de leur non-appartenance à une ethnie, une nation, une race ou une religion déterminée, soit propageraient des idées ou théories tendant à justifier ou à encourager cette discrimination, cette haine ou cette violence », récemment appliquée par le président de la République dans le décret du 6 août 2002 (*JO* 8 août) portant dissolution d'un groupement de fait (dénommé Unité radicale) agissant ainsi conformément à ses engagements de lutter contre les inégalités et le racisme.

9. M. Véron, *Droit pénal spécial*, Masson-Armand Colin, coll. U; *Rép. pén. Dalloz*, v° Discriminations, par F. Desportes.

10. Cass. crim., 8 déc. 1998 et 16 mars 1999, *D.* 2000, Somm. p. 120, obs. M. Segonds.

11. Les infractions dites involontaires étant très peu nombreuses.

12. Merle et Vitu, *Traité de droit criminel*, t. 1, Cujas, 7e éd., 1997, n° 521 s.

l'esprit du délinquant et les magistrats considèrent le plus souvent que **les faits parlent d'eux-mêmes** : les faits étant établis (par exemple tirer à bout portant sur son voisin avec un fusil) l'intention s'en déduit (la volonté de tuer le voisin).

S'agissant du mobile, la difficulté de preuve est encore plus grande, puisqu'il s'agit de pénétrer au plus profond de l'âme du délinquant : en l'espèce prouver que les jeunes d'origine maghrébine ont été **délibérément** refoulés à l'entrée des discothèques ne suffit pas, il faut encore prouver que c'est **en raison de leur origine** maghrébine qu'ils l'ont été.

C'est bien la difficulté de preuve du mobile discriminatoire qui est à l'origine de la pratique des *testings* dont la valeur au regard des règles de procédure pénale est appréciée par la chambre criminelle de la Cour de cassation, dans sa décision du 11 juin 2002.

1- La preuve de la discrimination

6. – Comment est-il possible de prouver le mobile racial fondant la discrimination à l'entrée de la discothèque ? La seule preuve pleinement satisfaisante serait que l'employé de la discothèque ait dit aux jeunes « Pas d'Arabes ici » et qu'il le reconnaisse en justice. Autant dire que c'est une hypothèse d'école. Existe-t-il un autre moyen parfaitement satisfaisant et fiable de le prouver ? Assurément, non !

Faut-il en déduire que cette législation antiraciste ne serait qu'un trompe-l'œil, et que les discriminations pour être incriminées n'en seraient pas moins jamais réprimées, faute de preuve ?

7. – Ici encore le législateur français, toujours à la pointe en matière de lutte contre le racisme, a réagi en s'inspirant d'une jurisprudence audacieuse de la chambre sociale de la Cour de cassation[13] : il a créé une présomption venant décharger la victime de la discrimination du fardeau de la preuve impossible. Toutefois n'est-il intervenu que dans le domaine du travail, il est vrai le plus essentiel, et le meilleur facteur d'intégration sociale (A) ; dans les autres domaines de la vie sociale dans lesquels des pratiques discriminatoires sont apparues, le *testing* est un autre moyen, imaginé par la pratique, de vaincre les difficultés de preuve du mobile discriminatoire (B).

13. Cass. soc., 23 nov. 1999, *Bull. civ.* V, n° 447 ; *D.* 2000 IR p. 46 ; 28 mars 2000, *Bull. civ.* V, n° 126 : « la preuve de la discrimination n'incombait pas au salarié ».

A• La présomption légale en matière de discrimination à l'embauche

8. – La loi n° 2001-1066 du 16 novembre 2001[14] relative à la lutte contre les discriminations dispose en son article 1er, I, que « ... le salarié concerné ou le candidat à un recrutement, à un stage ou à une période de formation en entreprise présente des éléments de fait laissant supposer l'existence d'une discrimination directe ou indirecte. Au vu de ces éléments, il incombe à la partie défenderesse de prouver que sa décision est justifiée par des éléments objectifs étrangers à toute discrimination. Le juge forme sa conviction après avoir ordonné, en cas de besoin, toutes les mesures d'instruction qu'il estime utiles[15] ».

Si cette loi s'inscrit dans la tradition française évoquée plus haut, il faut souligner qu'elle répond également à un souhait communautaire[16] puisqu'elle intègre en droit interne les dispositions de l'article 8 de la directive 2000/43 du 29 juin 2000[17] relative à la mise en œuvre du principe d'égalité de traitement entre les personnes sans distinction de race ou d'origine ethnique.

9. – Le renversement de la charge de la preuve opéré par l'article 1er de la loi du 16 novembre 2001 n'est pas systématique : toute personne d'origine étrangère écartée d'une procédure de recrutement n'est pas regardée comme la victime d'une discrimination raciale. Le renversement de la charge de la preuve est soumis à une condition préalable : le candidat malheureux doit présenter au juge des éléments de fait **laissant supposer** l'existence d'une discrimination. C'est seulement si l'individu qui se prétend victime d'une discrimination apporte au juge des indices qui permettent de tenir pour probable l'existence de cette discrimination, que la charge de la preuve sera inversée ; elle ne pèsera plus alors sur les épaules du demandeur mais sur celles du défendeur qui ne sera plus présumé innocent. En effet, c'est bien l'employeur qui devra alors se justifier, en précisant au juge

14. *JO* 17 novembre, p. 18311 ; *D.* 2001, Lég. p. 3411 ; pour un commentaire, V. M. Keller, La loi du 16 novembre 2001 relative à la lutte contre les discriminations, *D.* 2002, Chron. p. 1355.

15. Article L. 122-45, al. 4, du Code du travail.

16. Et plus largement à un engagement international : Convention internationale sur l'élimination de toutes les formes de discrimination raciale du 7 mars 1966 (publiée par le décret n° 71-901 du 2 novembre 1971, *JO* 10 novembre) ; *adde* R. de Gouttes, Le comité des Nations unies pour l'élimination de la discrimination raciale, *Rev. sc. crim.* 1991, p. 427.

17. *D.* 2000, Lég. p. 438 ; sur la directive, V. obs. F. Taquet, *JCP* 2 janvier 2002, Aperçu rapide, p. 1 ; avant cette directive, l'article 14 de la Convention européenne des droits de l'homme et des libertés fondamentales.

les éléments objectifs étrangers à toute discrimination sur lesquels il s'est fondé pour ne pas recruter le candidat d'origine étrangère.

En d'autres termes, le renversement de la charge de la preuve repose sur la vraisemblance de la discrimination, mais c'est à la victime d'apporter la preuve de cette vraisemblance, elle ne peut pas se contenter de se prévaloir — si l'on peut dire — de son origine étrangère. Il apparaît ainsi qu'elle n'est déchargée qu'en partie du fardeau de la preuve, en ce sens qu'elle n'a pas à établir une certitude mais une simple vraisemblance : le législateur lui fait grâce de la marge entre la vraisemblance et la certitude, et encore cette faveur ne lui donnera pas forcément gain de cause puisque l'employeur peut rapporter la preuve contraire[18].

10. – Si l'on veut s'interroger sur les raisons de cette faveur du législateur, il faut bien sûr évoquer l'extrême difficulté de la preuve du mobile discriminatoire mais également souligner les nombreuses discriminations observées sur le territoire national[19]. On pourrait y voir une déclinaison du principe *plerumque fit*.

Revenons à nos malheureux noctambules qui ne bénéficient d'aucune présomption, même si de nombreux cas de discriminations raciales à l'entrée des discothèques ont été rapportés. Comment peuvent-ils prouver que c'est en raison de leur origine maghrébine que l'entrée dans deux discothèques leur a été refusée ?

B• Dans les autres domaines, le *testing* ?

11. – D'autres personnes ont sans doute connu la même déconvenue à l'entrée des discothèques cette même nuit et qui n'étaient pas d'origine maghrébine : telle était dans une tenue trop négligée, telle autre complètement ivre...

18. Cette présomption est donc compatible avec la présomption d'innocence selon les critères posés par : CEDH, 7 oct. 1988, *Salabiaku c/France*, série A, n° 141.

19. Différents organismes ont été créés pour observer les discriminations au niveau national ; on citera les CODAC, commissions départementales d'accès à la citoyenneté, un numéro vert le 114 a été mis en place le 18 mars 2000 ; enfin le GELD, groupement d'études et de lutte contre les discriminations raciales, dont le président de la République a annoncé qu'il serait remplacé dans un délai de deux ans par une « autorité indépendante » chargée de lutter contre toutes les formes de discriminations et dotée de pouvoirs d'investigation et de sanction (*Le Monde*, 16 et 22 oct. 2002) ; au niveau européen on citera l'Observatoire européen des phénomènes racistes et xénophobes, auteur d'une récente étude sur la montée de l'« islamophobie » dans l'Union européenne depuis le 11 septembre 2001.

En l'espèce, devant la cour d'appel, les portiers ne se rappellent pas pour quelle raison ils avaient rejeté les jeunes plaignants un vendredi soir, un an plus tôt : qui songerait à le leur reprocher ? En revanche, ce dont ils sont parfaitement certains, c'est qu'ils ne les avaient pas refusés parce qu'ils étaient d'origine maghrébine ; du reste les gérants des discothèques démontrent, photos à l'appui, que des Maghrébins fréquentent leur établissement.

On imagine l'instance, accusations des jeunes d'origine maghrébine, dénégations des portiers et de leurs employeurs... Ces derniers, bénéficiant du doute comme tout accusé, ne seraient, pour finir, pas condamnés.

Pour échapper à cette difficulté de preuve, l'association SOS Racisme[20] organise des *testings*.

1. *Modus operandi*

12. – Le procédé est utilisé en l'espèce dans les deux discothèques mises en cause : trois groupes de trois personnes avaient été constitués, l'un composé de deux hommes et une femme d'origine maghrébine, l'autre d'un homme et de deux femmes d'origine européenne, le troisième de deux hommes et une femme d'origine nord-africaine. Les groupes de jeunes se sont présentés successivement à l'entrée des deux discothèques de sorte que l'affluence ne pouvait être une justification de la différence de traitement entre les groupes puisqu'ils se sont présentés le même jour, à la même heure.

Cependant, si le groupe des jeunes d'origine européenne est entré sans difficulté, les deux autres composés de Maghrébins se sont vu interdire l'accès dans les deux discothèques. Ce simple fait ne suffit pas à prouver la discrimination raciale ; on le sait, le mobile lié à l'origine ethnique des jeunes gens doit être mis en évidence pour confondre les prévenus. Selon les témoignages des couples, les mobiles invoqués par les portiers sont de deux ordres : dans la première discothèque, l'accès leur a été refusé au motif qu'ils n'étaient pas connus des portiers et n'avaient pas de carte de membre, sans qu'on leur indique, cela va sans dire, comment s'en procurer une ! Dans la seconde discothèque, l'entrée leur a été refusée parce qu'ils n'étaient pas des habitués (cela ne s'invente pas ! comment le devenir ?) et parce qu'ils n'avaient pas de carte d'étudiant.

20. Qui, par ailleurs, en application de l'article 2-1 du Code de procédure pénale peut exercer les droits reconnus à la partie civile.

L'affaire pourrait s'arrêter là : un club privé qui réserve l'accès à ses seuls membres, une discothèque à la clientèle exclusivement étudiante... Là où le bât blesse, c'est que, dans le même temps, le groupe de jeunes gens d'origine européenne qui n'étaient pas des habitués, qui n'étaient pas connus des « portiers », n'avaient ni carte de membre, ni carte d'étudiant, sont entrés sans la moindre difficulté, le même jour, à la même heure dans chacun des deux établissements. Voilà qui est troublant...
13. – C'est précisément l'objet du *testing* que d'apporter la contre-épreuve et de mettre ainsi en évidence la fausseté des mobiles invoqués par les « portiers » pour refuser l'entrée aux jeunes d'origine maghrébine, prouvant ainsi indirectement le mobile réel : l'origine ethnique.

2. Les défauts du procédé

14. – On voit bien les défauts d'un tel procédé : il y a indiscutablement sinon une mise en scène, du moins une préparation de l'opération de la part de SOS Racisme ; de plus les jeunes gens volontaires pour tester les discothèques sont tous des sympathisants de SOS Racisme, qui est par ailleurs partie civile au procès. Ce qui conduit à s'interroger sur la valeur de la preuve obtenue par *testing*.

2- Valeur de la preuve obtenue par *testing*

15. – Pour motiver sa décision de relaxe au bénéfice des gérants de discothèques, la cour d'appel de Montpellier avait dénié toute valeur juridique à la preuve obtenue par *testing* estimant que le procédé était déloyal ; elle avait notamment relevé le manque d'objectivité des témoins ayant participé au *testing*. C'est donc bien la loyauté de la preuve qui était en cause : les jeunes avaient caché leur qualité de sympathisants de SOS Racisme pour tendre un piège aux « portiers » des discothèques, futures victimes et futurs témoins avaient participé ensemble aux préparatifs du *testing* avant de tenir leur rôle, porter plainte pour les uns, témoigner pour les autres.
16. – L'exigence de loyauté dans la recherche des preuves est l'« élément pondérateur[21] » de la liberté de la preuve en matière pénale, un auteur l'a définie comme « une manière d'être de la recherche des preuves conforme au respect des droits de l'individu et à la dignité de la justice[22] ». Le devoir

21. P. Bouzat, La loyauté dans la recherche des preuves, *Mélanges Hugueney*, 1964, n° 1.
22. P. Bouzat, *op. cit.*, n° 20.

de loyauté qui ne se limite ni à la recherche de la preuve ni au droit pénal[23] fait l'objet en la matière d'une interprétation restrictive par la chambre criminelle de la Cour de cassation, peut-être parce qu'il protège alors des individus qui ont singulièrement manqué de loyauté[24] ! Par une jurisprudence contestée[25] mais confirmée à maintes reprises, la chambre criminelle considère en effet qu'« aucune disposition légale ne permet aux juges répressifs d'écarter les moyens de preuve produits par les parties au seul motif qu'ils auraient été obtenus de façon illicite ou déloyale[26] ».

17. – Le principe du contradictoire et celui de l'intime conviction des juges sont souvent invoqués pour justifier cette jurisprudence[27] : les prévenus peuvent, il est vrai, contester par tous moyens la preuve résultant du *testing* et en l'espèce leurs dénégations n'étaient manifestement pas convaincantes ; quant au juge il est libre d'accorder le crédit qu'il souhaite à la preuve apportée. Ces arguments n'emportent pas la conviction d'une partie de la doctrine qui considère que les principes du contradictoire et de l'intime conviction des juges viennent s'ajouter au principe de loyauté et n'ont pas pour objet de le suppléer[28].

18. – Il faut toutefois relever l'évolution qui se dessine sous l'influence de la jurisprudence de la Cour européenne des droits de l'homme, l'exigence d'un procès équitable tendant à remplacer « la vieille idée de la déloyauté dans la recherche des preuves[29] ». Au regard de cette exigence, la Cour européenne a adopté une position nuancée estimant qu'« elle ne saurait exclure par principe et *in abstracto* l'admissibilité d'une preuve recueillie de manière illégale[30] ».

19. – En dernier lieu, la jurisprudence de la chambre criminelle s'est vu d'une certaine façon consacrée par le législateur qui, lors des débats parlementaires ayant précédé l'adoption de la loi du 15 juin 2000, a rejeté un amendement parlementaire visant à faire figurer à l'article préliminaire

23. L. Aynès, L'obligation de loyauté, *Archives phil. droit*, t. 44, *L'obligation*, 2000, p. 204 ; V. Perrocheau, Des fluctuations du principe de loyauté dans la recherche des preuves, *Petites Affiches*, 17 mai 2002, p. 6.

24. A. Leborgne, L'impact de la loyauté sur la manifestation de la vérité ou le double visage d'un grand principe, *RTD civ.* 1996, p. 535, spéc. p. 547.

25. M.-L. Rassat, note sous Cass. crim., 6 avr. 1993, *JCP* 1993, II, 22144, et autres références citées *infra*, n° 29, note 52.

26. Cass. crim., 15 juin 1993, *D.* 1994, Jur. p. 613, note C. Mascala.

27. V. notamment les obs. de P.-Y. Gautier, *RTD civ.* 1996, p. 197, n° 6.

28. M.-L. Rassat, *Traité de procédure pénale*, PUF, coll. Droit fondamental, 2001, n° 214.

29. M. Delmas-Marty, La preuve pénale, *Droits*, 1996, n° 23, p. 53 s., cit. p. 64.

30. *CEDH c/Suisse*, 12 juill. 1988, série A, n° 140.

introduit dans le Code de procédure pénale par la loi nouvelle, l'exigence de loyauté dans la recherche des preuves[31].

Dans ce contexte, il n'est pas surprenant que la chambre criminelle de la Cour de cassation ait, dans la présente décision, cassé l'arrêt de la cour d'appel de Montpellier, estimant que la preuve obtenue par *testing* était recevable (A). Au-delà de l'admissibilité de ce mode de preuve, cette décision conduit à s'interroger sur l'opportunité et la légitimité d'une telle intrusion de la partie civile dans la recherche des preuves (B).

A• L'admissibilité de la preuve obtenue par *testing*

Ce piège tendu aux employés de discothèques n'est pas sans rappeler les « souricières » montées par les policiers agissant sous couverture, que l'on désigne en procédure pénale sous le terme de provocation. Il est intéressant de s'interroger sur la valeur juridique du *testing* en le passant au crible des règles applicables à la provocation.

1. La provocation

20. – « La provocation consiste pour un agent public, policier, magistrat, douanier... **à dissimuler sa qualité pour approcher des délinquants potentiels ou suspectés et constater leurs infractions**[32] ». Cette définition jette d'emblée un doute sur la légalité du procédé : le principe de loyauté s'oppose en effet à toute dissimulation[33]. Pourtant, en procédure pénale française[34], la provocation n'est pas nécessairement illégale.

21. – Le législateur est récemment intervenu sur cette question dans le domaine particulier du trafic de stupéfiants par la loi du 19 décembre 1991[35], pour dégager la responsabilité pénale des officiers de police judiciaire et de gendarmerie ainsi que celle des agents des douanes habilités, lorsqu'ils se livrent à des agissements illégaux, par exemple transporter

31. Ass. nat., compte rendu intégral : 1re séance du 24 mars 1999, p. 2791, et 2e séance du 9 févr. 2000, p. 910.

32. M.-L. Rassat, *Traité de procédure pénale*, préc., n° 215.

33. V. notamment L. Aynès, *op. cit.*, p. 195 : « la déloyauté consiste à émettre des signaux trompeurs ».

34. Pour le droit comparé, V. : droit anglais, J. R. Spencer, Les limites en matière de preuve. Aspects actuels, *Rev. sc. crim.* 1992, p. 43 ; droit italien, M. Chiavario, Limites en matière de preuve dans la nouvelle procédure pénale italienne, *Rev. sc. crim.* 1992, p. 30 ; M. Delmas-Marty, *Procédures pénales d'Europe*, 1re éd., 1995, PUF, coll. Thémis, spéc. p. 523 s. ; J. Pradel, *Droit pénal comparé*, Dalloz, coll. Précis, 1995, n° 325 s.

35. V. le commentaire du professeur Pradel, *D.* 1992, Chron. p. 229 s.

eux-mêmes des stupéfiants, en vue d'établir l'existence d'un trafic. Dès lors qu'ils auront avisé le procureur de la République (art. 706-32, al. 1er et 2, C. pr. pén.), ils pourront bénéficier d'un fait justificatif tiré de la permission de la loi.

22. – En dehors de l'hypothèse visée par la loi, la jurisprudence opère une première distinction suivant le stade de la procédure : l'exigence de loyauté est moindre au début de la procédure, elle s'accroît dès lors qu'une instruction est ouverte.

En toutes circonstances au cours de l'instruction, le juge qui la dirige doit se présenter à ses interlocuteurs en précisant sa qualité[36] ; de même à cette étape de la procédure les policiers agissant sur commission rogatoire ne peuvent user de provocation, puisqu'ils tirent leurs pouvoirs du juge d'instruction[37].

La loyauté s'apprécie différemment en amont de la procédure, les policiers menant une enquête[38] peuvent dissimuler leur qualité : ici intervient la seconde distinction opérée par la jurisprudence entre **la provocation à la preuve et la provocation à l'infraction**[39].

23. – La première, parfaitement légale, consiste pour les policiers à demeurer des agents passifs du processus infractionnel, par exemple lorsque, dissimulés, ils constatent la commission de l'infraction mais aussi lorsqu'ils se font passer pour des clients pour entrer en contact avec le revendeur de substances illicites, dans la mesure où ce dernier est connu comme tel[40]. Dans les deux cas les policiers ne vont pas empêcher la commission de l'infraction mais au contraire l'attendre, si l'on ose dire, avec impatience : cela pourrait paraître surprenant et à l'opposé de leur mission. Il faut toute-

36. Ch. réun., 31 janv. 1888, *S.* 1889, 1, p. 241, arrêt *Wilson*.

37. Cass. crim., 12 juin 1952, arrêt *Imbert*, *JCP* 1952, II, 7241, note Brouchot ; *S.* 1954, 1, p. 69, note Légal ; Pradel et Varinard, *Les grands arrêts de la procédure pénale*, Dalloz, 3e éd., 2001, n° 15.

38. Bouzat, cité *supra*, n° 14, p. 167 ; *J.-Cl. Procédure pénale*, v° Enquête préliminaire, par J.-L. Poisot, spéc. n° 75 ; J. Pradel, De l'enquête pénale proactive : suggestions pour un statut légal, *D.* 1998, Chron. p. 57 ; V. toutefois pour une opinion contraire : Guinchard et Buisson, *Procédure pénale*, Litec, 2e éd., 2002, n° 469.

39. Conte et Maistre du Chambon, *Procédure pénale*, Armand Colin, coll. U, 4e éd., 2002, n° 66 ; Maistre du Chambon, La régularité des provocations policières : l'évolution de la jurisprudence, *JCP* 1989, I, 3422.

40. Pour une autre illustration : des policiers se présentant dans un bar comme des consommateurs anonymes se sont vu proposer des relations sexuelles tarifées par les hôtesses : leur intervention ayant pour « seul effet de permettre la constatation d'une activité délictueuse et d'en arrêter la continuation », la preuve recueillie de cette manière est recevable (Cass. crim., 17 oct. 1991, inédit, pourvoi n° 90-84887).

fois préciser que la provocation intervient en face de délinquants habituels dont les agissements sont connus des services de police[41] bien que ces derniers n'en aient pas la preuve, et c'est précisément dans l'objectif d'établir la preuve des infractions qu'une « souricière » est mise en place.

24. – Dans la seconde catégorie de provocation, dite provocation à l'infraction, les policiers interviennent activement dans le processus infractionnel, en ce sens que sans la pression exercée sur lui par les agents publics sous couverture, le délinquant ne serait pas passé à l'action : « le piège tendu est donc la cause de l'infraction[42] ». Une telle provocation vicie la procédure parce qu'elle est déloyale à l'extrême. La Cour de cassation a récemment estimé qu'elle pouvait justifier l'annulation du réquisitoire introductif fondée sur des pièces[43] elles-mêmes annulées en raison de la provocation policière[44] qualifiée de « machination de nature à déterminer/les/agissements délictueux... » et encore de « stratagème qui a vicié la recherche et l'établissement de la vérité.../.../ porté atteinte au principe de la loyauté de la preuve ». C'est donc bien toute la procédure subséquente qui peut se trouver entachée par une provocation à l'infraction.

25. – Cette distinction a été consacrée par la Cour européenne des droits de l'homme[45] qui, si elle considère que la recevabilité des preuves relève en premier chef des règles de droit interne[46], n'en contrôle pas moins que le mode de présentation des preuves ait revêtu un caractère équitable. Tel n'est pas le cas, selon elle, si les policiers ne se limitent pas à examiner d'une manière purement passive l'activité délictueuse du prévenu mais exercent une influence de nature à l'inciter à commettre l'infraction, cette

41. Maistre du Chambon, cité *supra*, n° 9 ; Cass. crim., 2 mars 1971, *Bull. crim.*, n° 71 ; 22 juin 1994, *Bull. crim.*, n° 247.

42. Merle et Vitu, *Traité de droit criminel*, t. II, *Procédure pénale*, Cujas, 2001, n° 157.

43. Cass. crim., 27 févr. 1996, *D.* 1996, Jur. p. 346, note C. Guéry ; *JCP* 1996, II, 22629, note M.-L. Rassat.

44. Il est intéressant de relever qu'en l'espèce les policiers n'étaient pas à l'origine de la provocation mais y avaient participé de manière active.

45. Sous une terminologie un peu différente : l'agent infiltré est celui qui provoque à la preuve, l'agent provocateur est celui qui provoque à l'infraction (CEDH, 9 juin 1998, *Teixeira de Castro c/Portugal*, *Rec.* 1998.IV).

46. CEDH, 12 juill. 1988, *Schenck c/Suisse*, série A, n° 140 ; *adde* Pradel et Corstens, *Droit pénal européen*, Dalloz, 2e éd., 2002, n° 355 ; R. Legeais, Le droit de la preuve à la Cour européenne des droits de l'homme, *in La sanction du droit, Mélanges offerts à P. Couvrat*, PUF, 2001, p. 255 ; L. Pettiti, Le régime des preuves au regard de la Convention européenne des droits de l'homme, *Rev. sc. crim.* 1989, p. 395 ; M. van de Kerchove, La preuve en matière pénale dans la jurisprudence de la Cour et de la Commission européennes des droits de l'homme, *Rev. sc. crim.* 1992, p. 1.

« provocation à l'infraction… prive *ab initio* et définitivement le requérant d'un procès équitable[47] ».

2. Le *testing*, provocation déloyale à l'infraction ?

26. – En l'espèce, c'est bien le rôle actif joué par les jeunes dans la commission de l'infraction qui a été souligné par la cour d'appel de Montpellier pour motiver sa décision, ces derniers n'allaient pas passer une soirée en discothèque mais avaient pour mission de se faire refouler à l'entrée de la discothèque. Le rôle de SOS Racisme était également critiqué par les défendeurs : les groupes n'étaient pas composés de façon identique, deux jeunes filles et un jeune homme pour le groupe d'origine européenne, une seule jeune fille et deux jeunes gens pour les groupes d'origine maghrébine.

27. – En premier lieu, il faut relever qu'il n'y a pas provocation au sens défini plus haut, dans la mesure où ce ne sont pas des agents publics qui ont tendu le piège mais des personnes privées, une association et certains de ses sympathisants. Ce point étant précisé, on peut tout d'abord s'interroger sur l'applicabilité des règles de procédure pénale aux simples particuliers, c'est sur ce terrain que se place la Cour de cassation. La chambre criminelle confirme sa jurisprudence et estime que les règles de la procédure pénale, notamment l'exigence de loyauté, ne s'appliquent pas dans les mêmes termes[48] aux simples particuliers, qui peuvent par conséquent s'affranchir des limites posées par le législateur aux pouvoirs d'investigation des magistrats et des policiers. L'attendu de principe est clair, il vise l'article 427 du Code de procédure pénale qui pose les principes de la liberté de la preuve et de l'intime conviction du juge : une seule limite est posée par le texte, le respect du principe du contradictoire.

28. – C'est le second arrêt de la Cour à valider le *testing* comme mode de preuve, sa portée semble devoir être considérable : dans la première espèce[49] qui avait donné lieu à un arrêt de rejet, le *testing* avait eu lieu en présence d'un huissier de justice qui avait dressé un constat ; en l'espèce, ainsi que le soulignait la cour d'appel de Montpellier dans sa décision attaquée, il n'y eut devant les discothèques aucune intervention d'un officier ou agent de police judiciaire ni d'un huissier de justice. Par cet arrêt de cassation, la Haute Juridiction conforte l'Association SOS Racisme dans sa

47. CEDH, 9 juin 1998, *Teixeira de Castro*, préc.

48. Une exigence de loyauté minimale doit subsister, V. *infra*, n° 33 ; Pradel et Varinard, *op. cit.*, p. 192.

49. Cass. crim., 12 sept. 2000, pourvoi n° 99-87251, contre CA Orléans, 2 nov. 1999.

pratique des *testings* qui ne concerne aujourd'hui plus seulement les discothèques[50].

29. – Cette jurisprudence ne devrait pas faire l'unanimité, la doctrine est en effet partagée quant à la portée de l'exigence de loyauté dans la recherche de la preuve à l'égard des parties ; pour certains auteurs, elle doit s'apprécier « nécessairement différemment[51] » à l'égard de la victime de l'infraction ; pour d'autres, les simples particuliers doivent être soumis aux mêmes obligations que les agents publics[52].

30. – En l'espèce, doit-on considérer que le *testing* est déloyal ? En d'autres termes, le *testing* s'analyse-t-il comme une provocation à la preuve ou comme une provocation à l'infraction ? Dès lors que les jeunes gens sont dans une tenue correcte, qu'ils ne sont pas en l'état d'ébriété et ne se montrent pas agressifs, il est difficile de les accuser de provoquer l'infraction. Il faut ajouter que SOS Racisme ne pratique pas ses *testings* au hasard ; les établissements testés sont choisis en fonction des signalements de discriminations[53] qu'elle reçoit de ses sympathisants. Le *testing* s'apparente donc plutôt à une provocation à la preuve et comme telle ne peut être considéré par principe et *in abstracto* comme déloyal, même s'il peut s'avérer l'être en fonction des conditions dans lesquelles il a été pratiqué, c'est là une question de fait.

Il reste qu'il ne présente pas les mêmes garanties de fiabilité qu'une opération policière menée par des officiers assermentés ; ce qui nous conduit à aborder la deuxième question que nous suggère cette décision : est-il légitime de la part de simples particuliers de s'impliquer ainsi dans la recherche des preuves, en allant jusqu'à organiser une opération de provocation ?

50. L'association a organisé cet été des *testings* dans des campings : *Le Monde*, 9 août 2002 ; pratique qui a déjà été validée par des juridictions du fond, V. notamment T. corr. Saint-Nazaire, 27 août 2002, condamnant à 1 500 euros d'amende le gérant d'un camping pour discrimination raciale.

51. Conte et Maistre du Chambon, *op. cit.*, n° 66, qui estiment toutefois que la jurisprudence est allée trop loin ; Lesclous et Marsat, *Droit pénal*, février 1993, chap. 4 « ... il n'appartient pas au juge de créer des formes supplémentaires au procès pénal qui ne rejette que les actes nuls ou inexistants » ; Pradel, *Procédure pénale*, Cujas, 1997, n° 277 ; Mascala, note préc.

52. M.-L. Rassat, *Traité de procédure pénale*, PUF, coll. Droit fondamental, n° 214 ; Stéfani, Levasseur et Bouloc, *Procédure pénale*, Précis Dalloz, 18e éd., 2001, n° 146 s ; Guinchard et Buisson, *op. cit.*, n° 465 s., spéc. n° 471 ; ces auteurs préconisent d'écarter les preuves obtenues de manière illégale ce qui est la solution des droits italien (art. 191 C. pr. pén.) et belge (V. M. Delmas-Marty, *Procédures pénales d'Europe*, *op. cit.*, p. 204).

53. En ceci elle se rapproche également des provocations policières (cf. *supra*, n° 23, note 41).

B• La légitimité du *testing*

31. – La question en rappelle une autre, la possibilité reconnue à la victime de se porter partie civile et plus encore celle reconnue à certaines associations de se porter parties civiles[54] ont été elles-mêmes très discutées ; on y a opposé le principe **nul ne plaide par procureur**. Pour s'en tenir à la recherche de la preuve, il est certain qu'il n'est pas dans la tradition procédurale française[55] que la partie civile recherche des preuves contrairement à l'usage en procédure pénale américaine[56] par exemple, l'avocat américain s'adjoignant en effet souvent les services de détectives. Cette tradition française a d'ailleurs été invoquée pour expliquer l'absence dans le Code de procédure pénale de règles pour encadrer la recherche de preuves par les parties : le législateur n'a pas envisagé qu'elles se mêlent de cette question[57].

32. – Dans une société idéale, il serait très certainement souhaitable que les policiers organisent eux-mêmes des *testings* dans des discothèques, mais ils sont aujourd'hui occupés à d'autres tâches. Par cette décision, les magistrats de la chambre criminelle de la Cour de cassation font indéniablement preuve de pragmatisme, afin d'éviter que des faits de discriminations avérés ne demeurent impunis. L'arrêt commenté s'inscrit parfaitement dans la jurisprudence de cette même chambre relativement à la loyauté des preuves dans le procès pénal, jurisprudence en prise avec la réalité. Les policiers ne peuvent être partout, surveiller chaque entrepôt, chaque commerce pour surprendre un employé indélicat, ils ne peuvent pas enregistrer des conversations téléphoniques privées pour prouver des appels malveillants. Les victimes sont donc amenées à collecter elles-mêmes les preuves des infractions dont elles se plaignent, et la chambre criminelle a pris le parti d'admettre avec bienveillance ces preuves obtenues par des

54. Comme c'est le cas pour SOS Racisme en l'espèce.

55. On relèvera toutefois l'évolution du droit français initiée par les lois des 4 janvier et 24 août 1993 : la partie civile (comme l'accusé) peut demander par écrit au juge d'instruction de procéder à des actes utiles à la manifestation de la vérité, possibilité étendue par la loi du 15 juin 2000 (art. 82-1 C. pr. pén.).

56. Ce qui est une conséquence du caractère accusatoire de la procédure : il appartient à la police et à la défense de rechercher les preuves, non au juge. Le manque de moyens de la défense est souvent mis en avant ; V. notamment M. Delmas-Marty, La preuve pénale, préc., p. 61.

57. M.-L. Rassat, *op. cit.*, n° 214, p. 335.

moyens déloyaux, voire même au prix d'infractions[58], pour que justice puisse être rendue[59].

33. – Est-ce à dire que tous les moyens de preuve apportés par la partie civile sont bons pour démontrer la vérité ? On touche ici la question fondamentale des rapports entre la vérité et la preuve en droit pénal au sujet de laquelle un auteur a caractérisé la « bipolarité des systèmes de preuve pénale qui oscillent toujours entre désir de vérité et souci de légitimité[60] ».

La vérité est un objectif[61] qui impose le principe de liberté de la preuve[62] mais ce n'est pas dire que tous les moyens soient permis pour l'atteindre. Ceci reste vrai pour la partie civile, on n'imagine pas la Cour de cassation approuvant la condamnation d'un prévenu sur la base d'aveux recueillis sous la torture de la partie civile. Il faut l'admettre, la vérité n'est pas toujours un **objectif à portée**[63], c'est d'ailleurs une des raisons pour lesquelles les règles de preuve sont là, « pour imposer leur légitimité[64] ».

34. – Cela posé, en l'espèce, la partie civile n'a pas eu recours à la torture mais à une simple provocation à la preuve et cette décision mérite d'être approuvée. L'ineffectivité du droit est un facteur de trouble social : quelle légitimité pour un pouvoir qui énonce des règles qu'il est incapable de faire respecter ?

On sait que le caractère obligatoire de la règle de droit repose sur l'opinio necessitatis, si même les règles répressives ne sont pas sanctionnées dans les faits, c'est bien l'ensemble de l'édifice qui risque de s'effondrer. Il est heureux que les magistrats de la plus Haute Juridiction s'en soucient.

Cass. crim., 11 juin 2002 : LA COUR : Vu le mémoire produit ;
Sur le moyen unique de cassation, pris de la violation des articles 225-1, 225-2 du Code pénal, 427, 591 et 593 du Code de procédure pénale, violation des droits de la défense, défaut de motifs, manque de base légale :

58. Cass. crim., 6 avril 1993, préc., *JCP* 1993, II, 22144, note M.-L. Rassat ; Pradel et Varinard, *Les grands arrêts de la procédure pénale*, préc., p. 184 ; Cass. crim., 30 mars 1999, *D.* 2000, Jur. p. 391, note T. Garé.

59. À rappr. Pradel et Varinard, *op. cit.*, p. 192 ; même constat, mais critiquant la jurisprudence, H. Leclerc, Les limites de la liberté de la preuve. Aspects actuels en France, *Rev. sc. crim.* 1992, p. 15, spéc. p. 17.

60. M. Delmas-Marty, La preuve pénale, *op. cit.*, p. 55 ; sur cette question, V. également X. Lagarde, Vérité et légitimité, *Droits*, 1996, n° 23, p. 31 s.

61. C'est le cas en droit pénal, en procédure civile, V. P. Théry, Les finalités du droit de la preuve, *Droits*, 1996, n° 23, p. 41, spéc. p. 48.

62. Merle et Vitu, *op. cit.*, n° 152.

63. Lagarde, *op. cit.*, p. 36.

64. *Ibid.*

en ce que l'arrêt attaqué a relaxé les prévenus du chef de discrimination raciale lors de la fourniture d'un service en raison de l'origine ou de l'ethnie et a débouté la partie civile ;

aux motifs, d'une part, que l'administration de la preuve en droit pénal, qui est l'administration de la véracité d'un fait, est libre et que le juge fonde sa décision sur les preuves qui lui sont apportées et discutées contradictoirement ; que toutefois, si la manifestation de la vérité est essentielle, elle ne peut être recherchée de n'importe quelle manière, et une déontologie, une moralité et une éthique sont imposées en la matière aux services enquêteurs de la police, de la gendarmerie, de la douane et des administrations habilitées ; que si une association se charge elle-même de l'administration de la preuve, elle est tenue des mêmes obligations de loyauté ; que tel est le cas de l'association SOS Racisme, dont la valeur du combat qu'elle mène envers tout mode de ségrégation ne lui permet pas de s'affranchir des règles de la procédure pénale, de la présomption d'innocence et de la loyauté dans la recherche des preuves ; qu'en l'espèce, l'opération de « testing » réalisée par des groupes de clients potentiels a été réalisée de manière unilatérale par l'association, qui a fait appel uniquement à ses adhérents ou sympathisants dûment informés que le but de l'opération était, non pas d'entrer au « Pulpou » ou au « Contact », mais de démontrer la ségrégation existant à l'entrée de ces boîtes de nuit ;

aux motifs, d'autre part, qu'aucun témoignage n'a été recueilli en dehors de ceux des personnes recrutées par SOS Racisme et qu'il n'existe aucune constatation objective qui permettrait de corroborer les témoignages des parties civiles ; que si le testing révèle une différence d'attitude de la part des portiers, aucun élément ne permet d'affirmer que le critère racial motivait ce refus, et ce d'autant qu'à l'intérieur des dancings se trouvaient des personnes d'origine ethnique diversifiée ; que par ailleurs rien ne permet d'affirmer que les trois prévenus ont sélectionné la clientèle sur des critères raciaux, hormis l'opinion subjective des parties civiles, et que si une sélection a lieu, elle est habituelle dans ce type de commerce et repose sur des critères de commercialité et de créneau de clientèle ;

aux motifs, enfin, que la méthode du « testing » employée par l'association SOS Racisme, qui s'est déroulée sans aucune intervention d'un officier de justice ou d'un huissier de justice, est un mode de preuve qui n'offre aucune transparence et n'est pas empreint de la loyauté nécessaire à la recherche des preuves en procédure pénale et porte atteinte aux droits de la défense, principe général du droit incessamment rappelé par le législateur et la Cour Suprême, et au droit à un procès équitable visé à l'article 6 de la Convention européenne des droits de l'homme ;

alors que, d'une part, la partie civile peut régulièrement produire en justice, pour démontrer la discrimination raciale dont elle est l'objet dans une offre de prestation de service, à l'occasion d'un procès qui l'oppose à un dirigeant et à des employés de discothèque, le résultat d'un "testingréalisé à l'aide de divers témoins et constaté par des officiers de gendarmerie appelés sur place à cet effet, dès lors que, dans cette situation inégalitaire, ce procédé ne présente aucun caractère déloyal ; qu'en l'espèce, après avoir rappelé les exigences relatives à la recherche des preuves en procédure pénale, notamment concernant la loyauté des divers moyens de preuve, le respect des droits de la défense et de la présomption d'innocence, les juges d'appel ont relevé que le testing réalisé en matière de discrimination raciale à l'entrée des discothèques est un mode de preuve qui n'offre aucune transparence et n'est pas empreint de la loyauté susvisée, s'il n'est accompagné de l'intervention concomitante d'un officier de police judiciaire ou de celle d'un huissier de justice ; qu'en se prononçant ainsi, sans tenir compte de la situation inégalitaire qui permet à un directeur de discothèque de refuser des clients sur des critères commerciaux fantaisistes qui masquent le critère racial ou ethnique du refus, tandis que les autorités judiciaires interviennent toujours a posteriori pour ne pas être suspectées de provocation, les juges d'appel ont violé les droits de la défense qui exigent que toute personne victime d'un délit puisse faire valoir ses droits devant la juridiction de jugement ; qu'en se prononçant ainsi l'arrêt n'est pas légalement justifié ;

alors que, d'autre part, à supposer que ce procédé soit déloyal, les juges répressifs ne peuvent écarter les moyens de preuve produits par les parties au seul motif qu'ils auraient été établis de manière illicite ou déloyale mais doivent en apprécier la valeur probante ; qu'en déclarant que le testing est un mode de preuve qui ne peut, à défaut d'intervention des autorités judiciaires, établir la preuve d'un délit de discrimination dans une offre de prestation de service, du seul fait de son caractère déloyal, les juges d'appel ont violé les dispositions de l'article 427 du Code de procédure pénale qui énoncent que les infractions peuvent être établies par tout mode de preuve ;

alors que, enfin, la discrimination commise à l'égard d'une seule personne suffit à constituer le délit, sans que l'absence de discrimination commise dans le même temps envers d'autres personnes soit une cause d'exonération, pas plus que l'existence d'un usage de sélection dans des établissements du même type ; qu'ainsi, en se fondant sur les motifs inopérants suivant lesquels en premier lieu les discothèques "Le Pulpet "Le Contactétaient bondées d'une clientèle de différentes origines ethniques au moment où les plaignants, d'origine étrangère, se sont vu refuser l'entrée sans motif valable, et en second lieu la sélection fondée sur des critères de "créneau de clientèle(sic !) est habituelle dans ce genre de commerce, les juges d'appel ont violé les textes susvisés

Vu l'article 427 du Code de procédure pénale ;

Attendu qu'aucune disposition légale ne permet aux juges répressifs d'écarter les moyens de preuve produits par les parties au seul motif qu'ils auraient été obtenus de façon illicite ou déloyale ; qu'il leur appartient seulement, en application du texte susvisé, d'en apprécier la valeur probante après les avoir soumis à la discussion contradictoire ;

Attendu qu'il résulte de l'arrêt attaqué que plusieurs membres ou sympathisants de l'association SOS Racisme ont organisé une opération, dite "testing ", destinée à établir d'éventuelles pratiques discriminatoires à l'entrée de discothèques ; qu'à cet effet, les intéressés se sont répartis en trois groupes, l'un constitué par une femme et deux hommes d'origine maghrébine et les autres, par une femme et un homme d'origine européenne ; qu'ainsi regroupés, ils se sont présentés à l'entrée de chaque discothèque ; que, les personnes d'origine maghrébine s'étant vu refuser l'entrée, une enquête a été effectuée par les gendarmes appelés sur place ; qu'à la suite de cette enquête, le procureur de la République a fait citer devant le tribunal correctionnel Jean-Daniel Labradero, exploitant des établissements concernés, ainsi que leurs portiers, Jean-Louis Dhaisne et Laurent Jacinto, pour discrimination dans la fourniture d'un service à raison de l'origine raciale ou ethnique, sur le fondement des articles 225-1 et 225-2 du Code pénal ; que plusieurs personnes, dont l'association SOS Racisme, se sont constituées partie civile ; que le tribunal a relaxé les prévenus et débouté les parties civiles de leurs demandes ;

Attendu que, pour confirmer ce jugement, la cour d'appel retient, substituant ses motifs à ceux des premiers juges, que le procédé dit "testing "est illicite ; qu'elle énonce qu'il n'offre "aucune transparence ", ne respecte pas "la loyauté nécessaire dans la recherche des preuves et porte atteinte aux droits de la défense ainsi qu'au droit à un procès équitable

Mais attendu qu'en prononçant ainsi, la cour d'appel a méconnu le texte susvisé et le principe ci-dessus énoncé ;

D'où il suit que la cassation est encourue de ce chef ;

Par ces motifs :

CASSE ET ANNULE l'arrêt susvisé de la cour d'appel de Montpellier, en date du 5 juin 2001, mais uniquement en ce qu'il a débouté l'association SOS Racisme de ses demandes, toutes autres dispositions étant expressément maintenues ; [...]

RENVOIE la cause et les parties devant la cour d'appel de Lyon.

Document 6

thème : Procédure pénale

Réforme, droit de la défense, détention provisoire, poursuite, mineur, comparution immédiate

« L'essentiel »

Loi n° 2002-1138 du 9 septembre 2002 :

Indépendamment de la réforme du droit des mineurs ayant fait l'objet de plusieurs commentaires, la loi d'orientation pour la justice a modifié de nombreux aspects de la procédure pénale. Dans le but de simplifier la procédure et d'accroître son efficacité, diverses mesures sont prises qui facilitent la répression et un jugement rapide des affaires. Le régime de la détention provisoire est durci puisque, sous conditions, il est possible de dépasser les délais butoirs. La création du référé-détention accordé au ministère public permet de maintenir en détention une personne dont la mise en liberté était décidée. Par ailleurs, comparution immédiate et compétence du tribunal correctionnel statuant à juge unique sont étendues. Pourtant, l'accroissement des droits de la défense opéré en juin 2000 n'est pas remis en cause. *C. G.*

Un point de vue sur l'évolution actuelle de la procédure pénale

point de vue de François Saint-Pierre
Avocat

publié par
D. – Recueil Dalloz
2002, p. 3019

La justice pénale est au cœur du débat politique. Aujourd'hui, à des lois développant les droits de la défense succèdent des lois renforçant les moyens de la répression. Or, à un système répressif actif peut et doit correspondre un système de défense effectif. La justice pénale est au cœur du débat politique. Une confrontation vive oppose les tenants d'une répression plus forte pour la protection de l'ordre public aux partisans d'une meilleure défense des libertés individuelles. Cette dialectique de l'ordre et des libertés n'est pas nouvelle. Déjà, il y a plus de cent ans, la loi du 8 décembre 1897 avait provoqué un tel débat lorsqu'elle avait doté les inculpés du droit d'être assistés par un avocat face au juge d'instruction. Aujourd'hui, à des lois développant les droits de la défense succèdent des lois renforçant les moyens de la répression.

Les lois du 4 janvier 1993 et du 15 juin 2000 ont organisé un système moderne de droits de la défense. Toute personne arrêtée a le droit de consulter immédiatement un avocat ; toute personne poursuivie peut demander au juge d'instruction l'accomplissement d'investigations lui permettant de démontrer sa thèse, ou peut saisir la chambre de l'instruction d'une requête en nullité des poursuites pour en soutenir l'illégalité ; toute personne jugée peut interjeter appel de la décision de condamnation, y compris des verdicts de cours d'assises ; les condamnés aussi peuvent être assistés de leur avocat lors de l'examen de leurs demandes de libération conditionnelle. Cette évocation de quelques-uns des droits de défense organisés par ces lois en illustre l'importance et la modernité.

La loi n° 2002-1138 du 9 septembre 2002 (*D.* 2002, Lég. p. 2584) a-t-elle remis en question cette doctrine des droits de la défense ? Sur deux points précis, elle a restreint les droits de la personne poursuivie, en matière de détention provisoire, par un retour en arrière du droit positif. D'une part, le président de la chambre de l'instruction peut depuis refuser à une personne détenue sa comparution devant la chambre de l'instruction saisie d'un appel ou d'une demande de mise en liberté, si cette personne a déjà comparu dans les quatre mois précédents, alors que ce droit de comparaître avait été institué par une loi du 6 juillet 1989 (C. pr. pén., art. 199). D'autre part, l'appel inscrit par le procureur de la République contre une décision de remise en liberté est désormais suspensif, du moins dans un délai de quatre heures, pendant lequel le parquet peut saisir le premier président de la cour d'appel d'un « référé-détention » aux fins de maintien en détention de la personne ; voici là un retour à l'état du droit antérieur à une loi du 9 juillet 1984 qui avait décidé que les décisions du juge d'instruction de remise en liberté devaient être immédiatement exécutoires (C. pr. pén., art. 148-1-1 et 207-3).

Les délais de détention provisoire avant-procès ont de plus été révisés. Alors que la loi du 15 juin 2000 les avait fixés dans des limites maximales, pour correspondre à l'exigence européenne d'un « délai raisonnable », la loi du 9 septembre les a de nouveau allongés, de même que les délais d'examen des demandes de mise en liberté par les juridictions de jugement (C. pr. pén., art. 145-1, 145-2, 148-2, 367, 706-24-3).

Mais, il faut le souligner, aucun des droits de la défense organisés par les lois du 4 janvier 1993 et du 15 juin 2000 n'a été supprimé. Les demandes d'actes d'instruction, les actions en nullité de procédure ou en prescription n'ont pas été remises en cause, pas davantage que les modalités d'assistance par un avocat des personnes poursuivies, en garde à vue ou devant le juge d'instruction. Le droit d'appel contre les arrêts des cours d'assises est maintenu, de même que la nouvelle procédure d'application des peines.

La loi du 9 septembre 2002 a davantage pour objet le renforcement des procédures de poursuites qu'une restriction des droits de la défense. C'est ainsi que la procédure de comparution immédiate devant le tribunal correctionnel a été ouverte à tout délit, quel que soit le maximum de la peine encourue, alors que, précédemment, seuls les délits passibles d'une peine inférieure ou égale à sept ans d'emprisonnement pouvaient être poursuivis selon cette procédure (C. pr. pén., art. 395). Toutefois, la loi a spécialement prévu que la défense puisse bénéficier d'un délai de préparation de deux à quatre mois lorsque ce seuil est dépassé (C. pr. pén., art. 397-1).

S'agissant des mineurs, à l'égard desquels la procédure de comparution immédiate ne pouvait pas jusqu'alors être utilisée (C. pr. pén., art. 397-6), la loi du 9 septembre 2002 a créé une procédure dite de « jugement à délai rapproché », permettant au parquet de faire juger dans un délai d'un mois les mineurs poursuivis lorsqu'une peine d'emprisonnement de trois à sept ans est encourue, en cas de flagrance, ou de cinq à sept ans, dans les autres cas ; de même que, en procédure de comparution immédiate, la défense peut demander un délai de préparation (Ord. 2 févr. 1945, art. 14-2). Il a aussi été prévu que les mineurs puissent faire l'objet d'une mesure de contrôle judiciaire (Ord. 2 févr. 1945, art. 10-2).

Une question doit donc être aujourd'hui posée : la loi du 9 septembre 2002 a-t-elle choisi la procédure de comparution immédiate comme le modèle principal de poursuites, de préférence à l'instruction judiciaire, laquelle serait à l'avenir délaissée, pour finir peut-être par être abandonnée ?

La pratique des parquets répondra-t-elle à cette incitation du législateur, de sorte que la plupart des poursuites seront lancées directement devant le tribunal, et rarement devant un juge d'instruction ?

Dans une telle hypothèse, la défense doit bénéficier des droits nécessaires à son exercice effectif. En l'état, lors d'une procédure de comparution immédiate, la défense dispose théoriquement de tous les droits reconnus au prévenu devant le tribunal correctionnel. Elle peut notamment demander un délai de préparation, de six semaines en principe, allant désormais jusqu'à quatre mois lorsque la peine encourue est supérieure à sept ans d'emprisonnement (C. pr. pén., art. 397-1). Elle peut également demander un supplément d'instruction au tribunal; celui-ci peut, dans ce cas, déléguer l'un de ses membres pour l'accomplir, ou renvoyer l'affaire au ministère public s'il estime une instruction nécessaire (C. pr. pén., art. 397-2). La défense peut aussi faire citer des témoins, sans formes ni délais, au besoin en sollicitant le renvoi de l'affaire à une audience ultérieure (C. pr. pén., art. 397-5; Cass. crim., 15 avril 1988, *Bull. crim.*, n° 161). Il lui est également possible de demander une expertise technique (C. pr. pén., art. 156). Elle doit saisir le tribunal correctionnel de ces demandes par conclusions écrites (C. pr. pén., art. 459).

Pourtant, dans la pratique judiciaire, l'exercice de la défense en comparution immédiate n'apparaît pas suffisamment efficace. Les jeunes avocats commis d'office dénoncent à raison la surcharge de travail qui les prive du temps nécessaire à la préparation de ces audiences qu'ils ont le devoir d'assurer dans l'urgence.

Des instruments de procédure clairement lisibles et faciles d'usage doivent être proposés, afin de permettre à la défense de disposer du temps et des moyens de saisir le tribunal des demandes d'enquêtes qui lui paraissent utiles.

À l'instar de l'article 82-1, créé par la loi du 4 janvier 1993 pour permettre aux parties de saisir le juge d'instruction d'une demande d'actes, le Code de procédure pénale se doit désormais de prévoir une disposition similaire en matière de comparution immédiate, qui donne à la défense, en début de procédure, la possibilité de saisir le tribunal de toutes les demandes d'enquêtes qui semblent utiles, qu'il s'agisse d'auditions de témoins, de confrontations, de production de documents, ainsi que d'expertises techniques ou psychologiques. Un article synthétique du Code de procédure pénale, spécialement rédigé à cet effet, serait d'un usage plus efficace.

La pratique judiciaire pourrait ainsi connaître une évolution intéressante. Les procédures de jugement se dérouleraient en deux séquences : une audience préliminaire inviterait les parties à saisir le tribunal de leurs demandes d'enquêtes, avant la fixation d'une date d'audience de jugement.

À un système répressif actif peut et doit correspondre un système de défense effectif. Car, les droits de la défense sont nécessaires à l'exercice et la protection des libertés individuelles. Déjà à Rome, en son temps, Cicéron le plaidait-il, en revendiquant l'utilité de la défense « dans une cité libre et ordonnée » (Cicéron, *De oratore*, n° 32, II, p. 20, Les belles lettres).

Document 7

thème : Enfance délinquante

Mineur, ordonnance du 2 février 1945, modification, loi d'orientation et de programmation sur la justice, portée

« L'essentiel »

Loi d'orientation et de programmation sur la justice :

Le Président l'avait promise, le Gouvernement y a veillé, le Parlement l'a faite : la loi sur la justice a été vite présentée et encore plus rapidement votée le 3 août 2002 pour que les nouveaux élus et récents ministres puissent prendre un repos traditionnellement qualifié de bien mérité. Malgré les conseils et objurgations des associations et des professionnels, le garde des Sceaux n'a pas hésité à user de la procédure d'urgence qui restreint au minimum les discussions. Nul n'ignore qu'une telle procédure, qui relève du rapport de forces, ne permet pas de bien légiférer sur des sujets aussi complexes.

La loi d'orientation et de programmation sur la justice Une promesse tenue ? Pas évident

point de vue de Jean-Pierre Rosenczveig

Président du tribunal pour enfants de Bobigny,

président du Bureau international sur les droits de l'enfant

publié par

D. – Recueil Dalloz

2002, p. 2339

TOUT SPÉCIALEMENT, on a entendu se doter des moyens pour faire face à l'augmentation et au rajeunissement allégué de la délinquance juvénile. Indéniablement la justice des enfants est aujourd'hui sous l'œil des préoccupations sécuritaires de la population. Les politiques n'ont pas hésité à surfer sur cette vague depuis deux ans pour cristalliser leur électorat, voire pour aller picorer chez leur voisin. L'immigration est moins (directement) un enjeu électoral que ne l'est la peur des banlieues, mais, pour qui veut décrypter, on parle de la même chose ! La nouvelle majorité s'est construite sur le procès en laxisme et en ingénuité instruit contre la majorité sortante. Il faudra reconquérir des quartiers laissés aux mafieux et à une poignée de jeunes, restituer l'autorité, celle de l'État et de ses agents — policiers, enseignants — mais encore des parents. Ces derniers devront être en première ligne pour contenir les enfants et, s'ils ne font pas leur office, ils seront punis soit pénalement, soit au niveau du portefeuille.

Si, malgré cela, des jeunes passent à l'acte, il faudra les éloigner du quartier et les contenir rapidement dans des structures fermées. On accélérera le cours de la justice. C'est au plus tôt qu'il faut rétablir le registre de la loi dans les jeunes esprits défaillants : les juges des enfants étant submergés, d'autres mécanismes devront être recherchés.

Plus vite, plus tôt, plus fort : on fait le choix de s'inscrire dans le registre de l'autorité !

Sur le fond, le texte a suscité de fortes réserves des professionnels, rarement aussi unanimes. À vrai dire c'est plus l'état d'esprit entourant le travail parlementaire que les dispositions avancées qui a choqué. L'opposition parlementaire s'est bien évidemment opposée, mais mollement, *groggy* qu'elle était après des chocs électoraux encore trop frais et prise dans des contradictions dans la mesure où certaines préconisations de la nouvelle majorité étaient aussi les siennes. On pense notamment aux centres éducatifs fermés également prônés par Lionel Jospin.

Pendant que le parlementaire se repose, le praticien doit évaluer les suites possibles de ce vote à la hussarde. La bâtisse — une loi spécifique, une juridiction originale, une administration et des institutions sociales publiques et privées mobilisées — construite laborieusement en cinquante ans — sinon quasiment sur un siècle — avec régulièrement les adaptations juridiques nécessaires, des innovations professionnelles et des aggiornamentos, et, on l'oublierait, avec les résultats obtenus positifs — on parle des trains qui n'arrivent pas à l'heure mais qui dit, qui sait ce que la protection judiciaire de la jeunesse produit de positif — ; bref, cette bâtisse est-elle par terre comme on nous le prédisait, soit pour l'espérer, soit pour le redouter ? Allait-on trouver un champ de ruines alors que l'enjeu était voici encore quelques mois de trouver les hommes et les femmes capables de vivre avec ces jeunes trop souvent violents, certes, car trop souvent privés de relations vraies avec des adultes, sans espoir de profiter d'un ascenseur en panne de longue date ?

1– La loi nouvelle constitue-t-elle une révolution ?

Au risque de surprendre la réponse est négative.

Indéniablement elle introduit des ruptures ou s'attaque à des tabous. Abaisser à 10 ans l'âge de la responsabilité pénale avec la possibilité de prononcer des sanctions qualifiées d'éducatives sous prétexte d'un rajeunissement de la délinquance des jeunes est certes une novation substantielle. Le Sénat avait déjà posé des jalons en mai 2001. Cette criminalisation de l'enfance à 10 ans a beau ne pas être condamnée par la Cour européenne des droits de l'homme, certains pays de l'Europe ayant des seuils encore plus bas, il n'en reste pas moins qu'il y a là un accroc essentiel à l'idée de l'enfance. Pour parler comme « les gens d'en bas », à 10 ans un enfant est et reste un môme. On peut et on doit s'interroger sur des adultes qui, en famille, dans la rue ou à l'école, s'estiment incapables de faire face au comportement d'enfants de 10 ans sans faire appel à des policiers et à des juges. De ce point de vue on peut dire que la loi votée le 3 août 2002 prend le contre-pied de la CIDE qui, dans ses articles 37 et 40, invite à développer des réponses non judiciaires à l'égard des enfants dits « déviants ». Les matamores qui nous promettent d'insécuriser les délinquants comme d'autres nous promettaient de terroriser les terroristes vont devoir assumer leurs peurs aux yeux de l'opinion mondiale ! Et que l'on ne s'y trompe pas — les échos reçus en font preuve — ce qui s'est joué ici a été observé de très près de par le monde.

Fort heureusement il reviendra encore aux magistrats, le coup de folie législative passé, de faire la part des choses au quotidien. On verra, affaire après affaire, si la voie pénale est opportune par rapport à d'autres réponses à vocation familiale, sociale ou médicale. Ces dispositions sont nettement idéologiques et auront le sort de telles dispositions une fois les spots médiatiques éteints. Comme les arrêtés des derniers étés prônant de ramener chez eux les enfants de moins de 14 ou 15 ans errant dans les rues qui n'apportaient juridiquement rien au droit existant, mais se voulaient un rappel à l'ordre *via* les médias aux parents et aux enfants de certains quartiers.

De même ne doit-on pas s'inquiéter outre mesure de la possibilité de mettre sous contrôle judiciaire les 13-16 ans au risque de déboucher sur une incarcération en cas de non-respect de l'ordre du juge. Indéniablement, dans quelques cas, ces dispositions faisaient défaut jusqu'ici. Nous les appelions avec le souci d'éviter le retour massif à l'incarcération provisoire de plein fouet qui existait avant 1989 et la « petite révolution » acceptée par

Albin Chalandon, alors garde des Sceaux, sur la demande des professionnels. Indéniablement, la solution de facilité tentera dans un premier temps certains juges qui en useront, sinon en abuseront, avant de s'apercevoir qu'avec des adolescents il ne faut jouer du rapport de force et de la menace qu'à bon escient car ils cherchent à tester celui qui menace, comme ils ont su réduire les velléités de leurs parents, des enseignants ou des travailleurs sociaux. Mais, dans certains cas, le juge pourra jouer de ce rapport de forces qu'il nouera avec l'adolescent à condition de s'inscrire pour ce jeune dans un projet à long terme qui, petit à petit, trouvera crédit aux yeux de ce jeune. Bref, dans l'esprit et la lettre de l'ordonnance du 2 février 1945 !

Plus préoccupant est la saisine du tribunal pour enfants à l'initiative du parquet à huit jours pour les jeunes dits multirécidivistes. Avec cette disposition, le législateur de 2002 a frisé la ligne blanche ou la correctionnelle. Certains voulaient, en effet, introduire le flagrant délit, auquel cas c'en était fini du ressort de l'ordonnance de 1945. Priver les juges des enfants et les éducateurs du temps de voir leurs efforts éducatifs produire leurs fruits, ramènerait, non pas à 1944, mais à 1911 ! Il faut se souvenir que la réponse spécifique à la justice des mineurs date de 1912 !

Juger dans le bref délai assigné (un mois) sera hautement problématique dans nombre de cas. Souvent, les affaires ne seront pas en état : il suffit pour s'en convaincre de voir la décrépitude de la procédure de COPJ devant les enquêtes de police régulièrement bâclées : les avocats s'en donnent à cœur joie avec les nullités de procédure. Il en ira de même devant le tribunal pour enfants et avec plus de virulence devant les enjeux. Là encore, il faut faire confiance aux magistrats du parquet et du siège pour jouer avec parcimonie de cette disposition nouvelle. On verra certainement des dérapages. L'ensemble du dispositif va-t-il basculer ? Ce n'est pas assuré.

C'est la grande force et la grande perversité de la loi Perben que de n'avoir pas voulu être révolutionnaire. On a joué avec prudence et on pourra demain accuser les juges de tout ce qui pourra advenir. On pourra toujours affirmer la main sur le cœur que l'on n'a pas mis à bas le dispositif de 1945. On maintient une justice d'exception, une justice appuyée sur le travail social qui se donne du temps pour transformer l'individu. Finalement une approche positive et constructive démontrerait que la représentation nationale a encore confiance. Le juge des enfants est même remis en selle sur la détention des mineurs quand la loi « présomption d'innocence » l'avait marginalisé ; il devient à part entière juge de l'application des peines. De là à dire que tout baigne !

2– Que peut-on attendre de ce texte ?

Certainement plus de recours à la détention sous toutes ses formes, notamment à l'incarcération. Mais est-ce une fin en soi ?

C'est l'un des paradoxes de cette nouvelle majorité qu'ayant vilipendé — à juste titre — les prisons de la République tant à l'Assemblée qu'au Sénat dans ces dernières années, elle met en place un mécanisme qui va conduire plus de personnes mineures en prison. Certes un important travail de modernisation de l'incarcération des mineurs a été engagé par les derniers gardes des Sceaux. Il suffit de visiter Villepinte ou Fleury-Mérogis rénové pour s'en rendre compte. Il n'empêche qu'on est loin du compte au niveau national. La prison française n'est pas digne de notre pays. Elle reste l'école du crime dénoncée en 1977 — déjà ! — par Alain Peyrefitte, ministre gaulliste de la Justice dans son célèbre rapport sur la violence.

La pression est forte et se traduira plus que jamais dans les pratiques judiciaires qui déjà n'avaient pas attendu la campagne électorale pour faire donner la répression.

La tendance à l'éloignement et à l'enfermement l'emporte aujourd'hui, de tous bords.

Ici, c'est le moins que l'on puisse dire en relais du Conseil d'État, subsiste une large zone d'ombre : ces centres éducatifs fermés qui s'ajoutent à la prison, mais ne la remplacent pas, et dont on a voté le principe, seront-ils ou non fermés avec des serrures et des barreaux ? Auquel cas ils relèveront du régime du mandat de dépôt et de l'écrou sous autorité de la pénitentiaire. Ou bien la contention sera-t-elle assurée par d'autres moyens, par exemple par une forte présence humaine, auquel cas on ne voit pas la différence d'avec les centres de placement immédiat (CPI) et autres centres d'éducation renforcée (CER) créés dans la foulée du Conseil de sécurité intérieure de janvier 1999. Il faut reconnaître que, sur ce point, on est dans le brouillard. De là à savoir quand ces premières structures pourront ouvrir. Où ? avec quels personnels, quel statut — là encore le Conseil d'État a émis des doutes — et quels projets ? Il va de soi qu'à l'expérience en France comme à l'étranger, le projet éducatif d'un centre fermé, géré par la pénitentiaire, la PJJ ou le secteur associatif habilité seuls ou en commun, reste très limité. C'est rapidement le caïdat, la violence, l'hypocrisie qui dominent. Reprenons l'histoire des maisons de correction d'Henri Gaillac !

3- Les objectifs assignés seront-ils atteints ?

Il faut déjà cerner quels objectifs techniques étaient visés.

À coup sûr, on se contente — c'est bien là toute la limite du programme proposé — de s'attaquer à la prévention de la récidive de la délinquance quand il aurait fallu s'attaquer à la primo-délinquance.

Les pseudo-juges de proximité — dont le Conseil d'État a indiqué toutes les limites institutionnelles qu'ils présentaient pour des magistrats censés, comme tout magistrat, défendre les libertés individuelles si on se réfère toujours à la même Constitution — vont constituer un étiage de plus dans une justice dont on dit qu'elle est justement trop compliquée et trop lente à se mettre en branle. On nie le travail fait par les délégués du procureur et d'une certaine manière le temps réel et la troisième voie développés par les parquets depuis 1996. Ces juges de proximité ne seront pas articulés avec les tribunaux pour enfants ; ils ne disposeront pas de moyens éducatifs. On entend s'installer sur le registre de la prise de conscience sous-tendue par la peur de la sanction. L'idée de « sanction éducative » est tout un programme. Alors même que, s'agissant de primo-délinquants, auteurs de faits pas trop graves, et de très jeunes, on devrait engager délibérément un travail éducatif ! On va donc tarder à mobiliser ces moyens éducatifs. Dans certains cas il sera trop tard. Là, il est de fait qu'un vrai coup de canif est porté à l'ordonnance de 1945 car ces juges ne sont pas spécialisés, ni n'auront de formation spéciale. N'oublions pas qu'ils ne seront pas à plein-temps pour un coût de revient, comme le relève R. Badinter, supérieur au salaire d'un jeune juge. Une efficacité douteuse pour plus cher. Vive le changement !

En d'autres termes, à l'expérience, avec les solutions privilégiant le registre répressif et les illusions de l'éducatif en milieu fermé avancées par la loi votée le 3 août 2002, on s'engage dans un processus où l'on va générer à terme des multirécidivistes.

Les objectifs assignés ne seront pas atteints par la voie proposée même si, régulièrement, on pourra nous sortir l'exemple de tel jeune qui aura fait son chemin de croix grâce à un policier ou à un personnel pénitentiaire particulièrement dévoué !

Mais il y a plus grave ! On verra demain se multiplier les incidents — on en a eu cet été les premiers exemples — des violences entre forces de l'ordre et jeunes. On peut certes faire confiance à la force démocratique de la police de la République, mais constatons que l'on a délégitimé les garde-fous mis en place. On ne combat pas au nom de la démocratie ni avec la fleur à la boutonnière, ni avec le *flash-ball*, mais en étant exemplaire, en défendant les libertés, en portant la justice pour tous et le fer à tous. Pour beaucoup de jeunes issus des quartiers où la vie est très dure, la police n'est pas vécue autrement que comme une institution qui viole systématiquement la loi. C'est bien entendu inexact, mais combien de représentations dans ce pays erronées font au quotidien la vie notamment politique. Par exemple, la France serait à feu et à sang du fait d'une partie de sa jeunesse. Depuis les élections, les braqueurs de banque et les automobilistes sont les nouveaux dangers sociaux ! Mis à part l'histoire de Pantin, par miracle, les médias ne font plus écho d'incidents graves suscités par des jeunes et *a fortiori* par des mineurs. Le discours très dur — le discours ferme n'est pas illégitime — tenu par le nouveau pouvoir renvoie au XIXe siècle. Il ne faut pas être grand historien pour y retrouver le langage qui a légitimé le discours sur la lutte des classes. À l'égard de jeunes et de familles qui ne respectent pas la loi, il n'y a qu'une solution : la sanction. 1° Personne ne se demande pourquoi, à supposer que l'hypothèse soit fondée, ces jeunes et ces familles ne respectent pas la loi. 2° On pose pour principe que l'on est délinquant parce qu'on le veut ; il suffirait de ne plus vouloir pour ne plus l'être. Sans nier la part du choix de vie, le discours est un peu simpliste et, à l'expérience, inadapté. 3° Le coup de patte aux parents (avec la suppression partielle ou totale des allocations familiales pour l'enfant confié à un CPI) ou les sanctions accrues contre les agresseurs d'enseignants relèvent de la même velléité d'affichage politique. Il n'est pas évident qu'ils permettent d'engranger les points recherchés. 4° On avance toujours qu'il suffit d'enlever quelques mauvaises graines par quartier pour que celui-ci retrouve la sérénité. Cette théorie du noyau dur ne tient pas la route. En fait, c'est au terreau social et économique qu'il faut s'attaquer. Sur ce plan on ne trouve rien dans la loi.

4- Et demain ?

La réponse par la loi ne s'imposait pas. La commission sénatoriale sur la délinquance juvénile venait de le dire, le 27 juin 2002, avec son rapport *La République en quête de respect*. Ce travail unanimement salué pour sa pondération a été balayé. La majorité nouvelle était dans un registre autre que le rationnel : viscéralement, une partie de la classe politique, stimulée par une victoire originale et d'ampleur, entendait tourner la page du prétendu laxisme qui tient son origine dans Mai 68 ! Rien ne pouvait endiguer cette approche sensitive.

Nombre de députés, sceptiques sur les dispositions avancées, ont dû les voter par discipline au nom des intérêts supérieurs de la majorité soucieuse de garder son crédit au regard des promesses faites. Dont acte ! Pour autant, au regard de la campagne, on est donc loin du flagrant délit, de l'abaissement de la majorité à 14 ans, de la possibilité donnée au procureur de placer les enfants en centre fermés, de l'incarcération provisoire dès 10 ans, *a fortiori* de l'abrogation de l'ordonnance de 1945. Même les centres fermés ne le seraient plus ! Au risque de surprendre, la majorité nouvelle a donc fait le service minimum.

Décidément l'urgence politiquement audible ne s'imposait pas sur le plan institutionnel. Non pas qu'il ne faille pas prendre à bras-le-corps les questions de sécurité, mais une dynamique existait, des instruments étaient et restent disponibles. Tout un chacun sait que ce sont moins les moyens législatifs qui sont indispensables que les moyens matériels et humains (greffiers, éducateurs, enseignants, etc.). Il est plus facile de voter une loi que de former un travailleur social ou ouvrir un nouvel équipement. La loi-programme nous promet 1 250 emplois pour la PJJ, 203 M pour les dépenses ordinaires et 55 M d'autorisations de programme. C'est bien. Attendons pour en voir la concrétisation. Mais cet argent ne suffira pas à lui seul à retisser le lien social. Il faut apprendre à vivre avec cette jeunesse en difficulté.

Nous pouvons affirmer, sans grande crainte d'être démenti, que les solutions retenues ne sont pas à la hauteur des espoirs suscités dans la population. Les promesses seront ainsi apparemment tenues, mais pas véritablement tenues.

Il faudra demain s'attaquer aux vrais problèmes qui font le terreau de la montée de la délinquance des plus jeunes dans un pays où la fracture sociale (cf. la campagne présidentielle de 1997 !) n'a pas été suffisamment réduite, c'est le moins que l'on puisse dire. Comment s'étonner que ce hiatus produise en France ce qu'il produit sous d'autres cieux ! Le Conseil de sécurité intérieure de juin 1998 les avait bien identifiés : la nécessité d'une politique familiale (qui est responsable en quoi pour chaque enfant, avec quel soutien extérieur éventuellement ?), d'une politique sociale (comment élever dignement ses enfants et avoir une perspective de promotion sociale), d'une politique d'intégration (comment faire pleinement leur place en France aux personnes issues de l'immigration dans le respect des lois de la République ?), d'une politique citoyenne (comment garantir la justice et la foi dans les institutions de la république à nombre qui, aujourd'hui, sont sceptiques sur la validité des règles d'une autre époque ?). Sont en cause l'éducation, le logement, l'emploi, l'accès au droit, etc.

Toutes ces questions qui font une politique de prévention sont sur la table. Malgré les efforts déjà développés, beaucoup reste à faire. Notre pays en a connu d'autres. Souvenons justement de 1945 : la France était dans un tout autre état et la crise morale bien plus délicate à gérer.

Mais, à partir de l'erreur d'analyse initiale, il y a lieu de craindre que l'on ne soit porté à la surenchère : on continuera à penser que c'est bien parce qu'il n'y a pas assez d'autorité ni de peur que la délinquance existe. On trouvera dans l'actualité de quoi alimenter cette réflexion. On peut déjà anticiper sur les témoignages des Français dans les médias, sur les articles dans la presse, sur les propos des politiques. On pourra ainsi continuer à monter d'un cran à chaque fois. Peut-être une commission parlementaire, peut-être un homme ou un courant politique viendra un jour endiguer cette spirale !

Le plus préoccupant est bien que, dans le discours et désormais dans les dispositions législatives, un virage essentiel s'est joué en 2002. En privilégiant le registre purement répressif, on réenclenche une stratégie d'exclusion et de punition à l'égard des milieux populaires et de leurs enfants. Non pas qu'il faille excuser des passages à l'acte, mais on ne peut pas à l'inverse penser qu'en réactualisant des interdits et en les sanctionnant on va amener à la socialisation les personnes concernées. Celles-ci — des familles entières, parfois des quartiers entiers — n'ont pas leur place dans la société. Qu'entend-on faire pour la leur ménager ? On a entendu tonner la voie de la répression ; on attend encore les dispositions d'insertion sociale et de justice sociale qui voudront que demain la loi que l'on veut restaurer sera comprise, respectée car intégrée et vécue comme bénéfique par les intéressés. On est loin du compte.

On aura donc demain un débat, peut-être plus serein, sur la délinquance juvénile. Celui-ci a été escamoté, mais les problèmes de cette partie de la jeunesse, qui vit difficilement et qui n'a pas d'espoir que cela change, perdurent. Et les voyants lumineux indiquent que, pour les générations qui suivent, les problèmes se sont encore accrus (cf. la montée des incidents dans le primaire). Promesse tenue ? Pas évident. La paix sociale n'est pas acquise. Tels sont les risques d'une approche purement idéologique !

Document 8

thème : Juridiction de proximité

Juge de proximité, recrutement, candidat, fonction, incompatibilité, nomination

« L'essentiel »

Loi organique n° 2003-153 du 26 février 2003 relative aux juges de proximité et décret n° 2003-542 du 23 juin 2003 relatif à la juridiction de proximité :

L'organisation effective d'une juridiction de proximité, dont le principe était posé par la loi d'orientation pour la justice, passait obligatoirement par la modification de la loi organique relative au statut de la magistrature. En dépit des vives critiques formulées contre cette juridiction, qui ferait double emploi au fond avec les juridictions d'instance, le gouvernement a tenu à aller jusqu'au bout. Il souhaite ainsi donner aux petits litiges une réponse judiciaire simple, rapide et efficace. La loi fixe les règles de recrutement, de nomination et décline les incompatibilités liées à leur statut. L'originalité est que ces juges ne sont pas nécessairement des magistrats professionnels. De son côté, le décret établit la compétence du juge de proximité, singulièrement en matière pénale. Les infractions contraventionnelles visées par ce texte échappent désormais au tribunal de police. *C. G.*

Loi organique n° 2003-153 du 26 février 2003 relative aux juges de proximité (*extrait*)

publié par
D. – Recueil Dalloz
2003, p. 670

Le Conseil constitutionnel a déclaré conforme à la Constitution,

Article 1

Après le chapitre V *quater* de l'ordonnance n° 58-1270 du 22 décembre 1958 portant loi organique relative au statut de la magistrature, il est inséré un chapitre V *quinquies* ainsi rédigé :

« Chapitre V *quinquies*

« Des juges de proximité

« *Art. 41-17.* – Peuvent être nommés juges de proximité, pour exercer une part limitée des fonctions des magistrats des juridictions judiciaires de première instance, s'ils remplissent les conditions prévues aux 2° à 5° de l'article 16 :

« 1° Les anciens magistrats de l'ordre judiciaire et de l'ordre administratif ;

« 2° Les personnes, âgées de 35 ans au moins, que leur compétence et leur expérience qualifient pour exercer ces fonctions. Ces personnes doivent soit remplir les conditions fixées au 1° de l'article 16, soit être membres ou anciens membres des professions libérales juridiques et judiciaires soumises à un statut législatif ou réglementaire ou dont le titre est protégé. Elles doivent, en outre, justifier de quatre années au moins d'exercice professionnel dans le domaine juridique ;

« 3° Les personnes justifiant de vingt-cinq années au moins d'activité dans des fonctions impliquant des responsabilités de direction ou d'encadrement dans le domaine juridique, *[Dispositions déclarées non conformes à la Constitution par décision du Conseil constitutionnel n° 2003-466 DC du 20 février 2003]* les qualifiant pour l'exercice des fonctions judiciaires ;

« 4° Les anciens fonctionnaires des services judiciaires des catégories A et B, que leur expérience qualifie pour l'exercice des fonctions judiciaires ;

« 5° Les conciliateurs de justice ayant exercé leurs fonctions pendant au moins cinq ans.

« *Art. 41-18.* – Le magistrat du siège du tribunal de grande instance chargé de l'administration du tribunal d'instance organise l'activité et les services de la juridiction de proximité.

« Il fixe par une ordonnance annuelle la répartition des juges de proximité dans les différents services de la juridiction.

« Cette ordonnance est prise en la forme prévue par le Code de l'organisation judiciaire.

« *Art. 41-19.* – Les juges de proximité sont nommés pour une durée de sept ans non renouvelable, dans les formes prévues pour les magistrats du siège.

« L'article 27-1 ne leur est pas applicable.

« Avant de rendre son avis, la formation compétente du Conseil supérieur de la magistrature peut décider de soumettre l'intéressé à une formation probatoire organisée par l'École nationale de la magistrature et comportant un stage en juridiction effectué selon les modalités prévues à l'article 19. Le deuxième alinéa de l'article 25-3 est applicable aux stagiaires.

« Le directeur de l'École nationale de la magistrature établit, sous forme d'un rapport, le bilan du stage probatoire du candidat, qu'il adresse à la formation compétente du Conseil supérieur de la magistrature et au garde des sceaux, ministre de la justice.

« Préalablement à leur entrée en fonction, les juges de proximité prêtent serment dans les conditions prévues à l'article 6.

« Les juges de proximité n'ayant pas été soumis à la formation probatoire prévue dans le troisième alinéa suivent une formation organisée par l'École nationale de la magistrature et comportant un stage en juridiction effectué selon les modalités prévues à l'article 19.

« Un décret en Conseil d'État détermine les conditions de dépôt et d'instruction des dossiers de candidature, les modalités d'organisation et la durée de la formation, ainsi que les conditions dans lesquelles sont assurées l'indemnisation et la protection sociale des stagiaires mentionnés au présent article.

« *Art. 41-20.* – Les juges de proximité sont soumis au présent statut.

« Toutefois, ils ne peuvent être membres ni du Conseil supérieur de la magistrature, ni de la commission d'avancement, ni participer à la désignation des membres de ces instances.

« Ils ne peuvent recevoir aucun avancement de grade. Ils ne peuvent pas être mutés sans leur consentement.

« Les articles 13 et 76 ne leur sont pas applicables.

« *Art. 41-21.* – Les juges de proximité exercent leurs fonctions à temps partiel. Ils perçoivent une indemnité de vacation dans des conditions fixées par décret en Conseil d'État.

« *Art. 41-22.* – Par dérogation au premier alinéa de l'article 8, les juges de proximité peuvent exercer une activité professionnelle concomitamment à leurs fonctions judiciaires, sous réserve que cette activité ne soit pas de nature à porter atteinte à la dignité de la fonction et à son indépendance. Les membres des professions libérales juridiques et judiciaires soumises à un statut législatif ou réglementaire ou dont le titre est protégé et leurs salariés ne peuvent exercer des fonctions de juge de proximité dans le ressort du tribunal de grande instance où ils ont leur domicile professionnel ; ils ne peuvent effectuer aucun acte de leur profession dans le ressort de la juridiction de proximité à laquelle ils sont affectés.

« Sans préjudice de l'application des dispositions du deuxième alinéa de l'article 8, les juges de proximité ne peuvent exercer concomitamment aucune activité d'agent public, à l'exception de celle de professeur et de maître de conférences des universités.

« En cas de changement d'activité professionnelle, les juges de proximité en informent le premier président de la cour d'appel dans le ressort de laquelle ils sont affectés, qui leur fait connaître, le cas échéant, que leur nouvelle activité n'est pas compatible avec l'exercice de leurs fonctions judiciaires.

« Les juges de proximité ne peuvent connaître des litiges présentant un lien avec leur activité professionnelle ou lorsqu'ils entretiennent ou ont entretenu des relations professionnelles avec l'une des parties. Dans ces cas, le président du tribunal de grande instance dans le ressort duquel ils sont affectés décide, à leur demande ou à celle de l'une des parties, que l'affaire sera soumise à un autre juge de proximité du même ressort. Cette décision de renvoi est insusceptible de recours.

« Les juges de proximité ne peuvent mentionner cette qualité ni en faire état dans les documents relatifs à l'exercice de leur activité professionnelle, tant pendant la durée de leurs fonctions que postérieurement.

« *Art. 41-23.* – Le pouvoir d'avertissement et le pouvoir disciplinaire à l'égard des juges de proximité sont exercés dans les conditions définies au chapitre VII. Indépendamment de l'avertissement prévu à l'article 44 et de la sanction prévue au 1° de l'article 45, peut seule être prononcée, à titre de sanction disciplinaire, la fin des fonctions.

« *Art. 41-24.* – Les juges de proximité ne peuvent demeurer en fonction au-delà de l'âge de 75 ans.

« Il ne peut être mis fin à leurs fonctions qu'à leur demande ou au cas où aurait été prononcée à leur encontre la sanction de la fin des fonctions prévue à l'article 41-23.

« Durant un an à compter de la cessation de leurs fonctions judiciaires, les juges de proximité sont tenus de s'abstenir de toute prise de position publique en relation avec ces fonctions. » [...]

Décret n° 2003-542 du 23 juin 2003 relatif à la juridiction de proximité (*extrait*)

publié par
D. – Recueil Dalloz
2003, p. 1738

Décret n° 2003-542 du 23 juin 2003, relatif à la juridiction de proximité et modifiant le Code de l'organisation judiciaire, le nouveau Code de procédure civile, le Code de procédure pénale (deuxième partie : Décrets en Conseil d'État) et le décret n° 91-1266 du 19 décembre 1991 portant application de la loi n° 91-647 du 10 juillet 1991 relative à l'aide juridique [...]

Titre III. Dispositions modifiant le Code de procédure pénale

Article 27

Il est inséré dans le livre IV du Code de procédure pénale (deuxième partie : Décrets en Conseil d'État), après l'article R. 53-59, un titre XXIV ainsi rédigé :

Titre XXIV : Dispositions relatives
à la juridiction de proximité.

Art. R. 53-40. – La juridiction de proximité est compétente pour juger les contraventions de police suivantes, lorsqu'elles sont commises par des personnes physiques :

1° Contraventions réprimées par les articles suivants du Code pénal :

a) Contraventions contre les personnes réprimées par :

– l'article R. 622-1 relatif aux atteintes involontaires à l'intégrité de la personne n'ayant entraîné aucune incapacité de travail ;

– l'article R. 622-2 relatif à la divagation d'animaux dangereux ;

– l'article R. 623-1 relatif aux menaces de violences ;

– l'article R. 623-2 relatif aux bruits ou tapages injurieux ou nocturnes ;

– l'article R. 623-3 relatif à l'excitation d'animaux dangereux ;

– l'article R. 624-1 relatif aux violences légères ;

– l'article R. 624-2 relatif à la diffusion de messages contraires à la décence ;

– l'article R. 625-1 relatif aux violences ayant entraîné une incapacité totale de travail d'une durée inférieure ou égale à huit jours ;

b) Contraventions contre les biens réprimées par :

– l'article R. 631-1 relatif aux menaces de destruction, de dégradation ou de détérioration n'entraînant qu'un dommage léger ;

– l'article R. 632-1 relatif à l'abandon d'ordures, déchets, matériaux ou autres objets ;

– l'article R. 634-1 relatif aux menaces de destruction, de dégradation ou de détérioration ne présentant pas de danger pour les personnes ;

– l'article R. 635-1 relatif aux destructions, dégradations et détériorations dont il n'est résulté qu'un dommage léger ;

– l'article R. 635-8 relatif à l'abandon d'épaves de véhicules ou d'ordures, déchets, matériaux et autres objets transportés dans un véhicule ;

c) Contraventions contre la nation, l'État ou la paix publique réprimées par :

– l'article R. 641-1 relatif à l'abandon d'armes ou d'objets dangereux ;

– l'article R. 645-12 relatif à l'intrusion dans les établissements scolaires ;

d) Autres contraventions réprimées par :

– l'article R. 653-1 relatif aux atteintes involontaires à la vie ou à l'intégrité d'un animal ;

– l'article R. 654-1 relatif aux mauvais traitements envers un animal ;

– l'article R. 655-1 relatif aux atteintes volontaires à la vie d'un animal ;

2° Contraventions des quatre premières classes réprimées par le Code de la route ;

3° Contraventions réprimées par les articles suivants du Code de la santé publique :

– l'article R. 48-2 relatif à la lutte contre les bruits de voisinage ;

– le premier alinéa de l'article R. 355-28-13 relatif à l'interdiction de fumer dans les lieux affectés à un usage collectif ;

4° Contraventions réprimées par les articles suivants du Code forestier :

– l'article R. 322-5 relatif à la défense et à la lutte contre les incendies ;

– l'article R. 331-3 relatif à la protection de tous bois et forêts ;

5° Contravention réprimée par l'article R. 4 du Code des débits de boissons et des mesures contre l'alcoolisme et relative à la répression de l'ivresse publique ;

6° Contraventions réprimées par les articles 80-1, 80-2 et 80-3 du décret n° 42-730 du 22 mars 1942 sur la police, la sûreté et l'exploitation des voies ferrées d'intérêt général et local et relatives à la police des chemins de fer ;

7° Contraventions réprimées par l'article 18 du décret n° 96-596 du 27 juin 1996 relatif à la lutte contre la rage ;

8° Contraventions réprimées par l'article 8 du décret n° 99-1164 du 29 décembre 1999 pris pour l'application du chapitre III du titre II du livre II du Code rural et relatives à la détention de chiens dangereux.

Art. R. 53-41. – La juridiction de proximité peut valider les compositions pénales prévues aux articles 41-2 et 41-3 par application des dispositions du deuxième alinéa de l'article 706-72. [...]

Document 9

thème : Sécurité publique

Sécurité civile, sécurité intérieure, tranquillité publique, atteinte, alimentation, fermeture administrative

« L'essentiel »

Loi n° 2003-239 du 18 mars 2003 pour la sécurité intérieure :

Pris dans le cadre de la loi d'orientation du même nom, ce texte a suscité bien des discussions. indépendamment de la pénalisation de certains comportements ayant provoqué une vive émotion, on peut considérer qu'il procède à un rééquilibrage du procès pénal ou qu'il est indéniablement répressif selon sa sensibilité. Après avoir étendu la compétence territoriale de la police judiciaire, le texte augmente en effet ses pouvoirs et prolonge les dispositions spécifiques prises en 2001 en matière de terrorisme. Les dispositions les plus importantes touchent ici la fouille de véhicule, la perquisition d'un système informatique ou encore l'accès au fichier national automatisé des empreintes génétiques. La CNIL et la Commission nationale consultative des droits de l'homme ont regretté de n'avoir pas été officiellement saisies mais ont donné leur avis sur ce texte durant les débats parlementaires. *C. G.*

Loi n° 2003-239 du 18 mars 2003 pour la sécurité intérieure (*extrait*)

publié par
D. – Recueil Dalloz
2003, p. 868

VU LA DÉCISION DU CONSEIL CONSTITUTIONNEL n° 2003-467 DC en date du 13 mars 2003 ;

Titre Ier. Dispositions relatives aux forces de sécurité intérieure et à la protection des personnes et des biens

[...] Chapitre IV. Dispositions relatives aux investigations judiciaires

Article 8

Le Code de procédure pénale est ainsi modifié :

I. – L'article 15-1 est complété par une phrase ainsi rédigée :

« La compétence territoriale de ces services ou unités s'exerce, selon les distinctions prévues par ce décret, soit sur l'ensemble du territoire national, soit sur une ou plusieurs zones de défense, ou parties de celles-ci, soit sur l'ensemble d'un département. »

II. – L'article 18 est ainsi modifié :

1° Le deuxième alinéa est ainsi rédigé :

« Les officiers de police judiciaire, mis temporairement à disposition d'un service autre que celui dans lequel ils sont affectés, ont la même compétence territoriale que celle des officiers de police judiciaire du service d'accueil. » ;

2° La deuxième phrase du troisième alinéa est remplacée par deux phrases ainsi rédigées :

« Pour l'application du présent alinéa, les ressorts des tribunaux de grande instance situés dans un même département sont considérés comme un seul et même ressort. Les ressorts des tribunaux de grande instance de Paris, Nanterre, Bobigny et Créteil sont considérés comme un seul et même ressort. » ;

3° Au quatrième alinéa, les mots : « En cas d'urgence » sont supprimés et les mots : « d'un officier de police judiciaire exerçant ses fonctions dans la circonscription intéressée » sont remplacés par les mots : « d'un officier de police judiciaire territorialement compétent » ;

4° Au cinquième alinéa, les mots : « dans les limites territoriales de la circonscription des officiers de police judiciaire » sont remplacés par les mots : « dans les mêmes limites de compétence territoriale que celles des officiers de police judiciaire » ;

5° Le sixième alinéa est ainsi rédigé :

« Les officiers ou agents de police judiciaire exerçant habituellement leur mission dans les véhicules affectés au transport collectif de voyageurs ou dans les lieux destinés à l'accès à ces moyens de transport sont compétents pour opérer sur l'étendue de la zone de défense de leur service d'affectation, dans des conditions déterminées par décret en Conseil d'État. »

III. – Dans le 3° de l'article 16, après les mots : « les fonctionnaires titulaires du corps de commandement et d'encadrement de la police nationale », sont insérés les mots : « et les fonctionnaires stagiaires du corps de commandement et d'encadrement déjà titulaires de cette qualité ».

Article 9

Après l'article 20 du Code de procédure pénale, il est inséré un article 20-1 ainsi rédigé :

« Art. 20-1. – Les fonctionnaires de la police nationale et les militaires de la gendarmerie nationale à la retraite ayant eu durant leur activité la qualité d'officier ou d'agent de police judiciaire peuvent bénéficier de la qualité d'agent de police judiciaire lorsqu'ils sont appelés au titre de la réserve civile de la police nationale ou au titre de la réserve opérationnelle de la gendarmerie nationale. Un décret en Conseil d'État fixe les conditions d'application du présent article. Il précise les conditions d'expérience et les qualités requises pour bénéficier de la qualité d'agent de police judiciaire au titre du présent article. »

Article 10

Au premier alinéa de l'article 78-2 du Code de procédure pénale, les mots : « un indice faisant présumer » sont remplacés par les mots : « une ou plusieurs raisons plausibles de soupçonner ».

Article 11

I. – L'article 23 de la loi n° 2001-1062 du 15 novembre 2001 relative à la sécurité quotidienne est abrogé.

II. – L'article 78-2-2 du Code de procédure pénale est ainsi rétabli :

« Art. 78-2-2. – Sur réquisitions écrites du procureur de la République aux fins de recherche et de poursuite des actes de terrorisme visés par les articles 421-1 à 421-5 du Code pénal, des infractions en matière d'armes et d'explosifs visées par l'article 3 de la loi du 19 juin 1871 qui abroge le décret du 4 septembre 1870 sur la fabrication des armes de guerre et par les articles 20, 31 et 32 du décret du 18 avril 1939 fixant le régime des matériels de guerre, armes et munitions, des infractions de vol visées par les articles 311-3 à 311-11 du Code pénal, de recel visées par les articles 321-1 et 321-2 du même code ou des faits de trafic de stupéfiants visés par les articles 222-34 à 222-38 dudit code, les officiers de police judiciaire, assistés, le cas échéant, des agents de police judiciaire et des agents de police judiciaire adjoints mentionnés aux 1°, 1° bis et 1° ter de l'article 21 peuvent, dans les lieux et pour la période de temps que ce magistrat détermine et qui ne peut excéder vingt-quatre heures, renouvelables sur décision expresse et motivée selon la même procédure, procéder non seulement aux contrôles d'identité prévus au sixième alinéa de l'article 78-2 mais aussi à la visite des véhicules circulant, arrêtés ou stationnant sur la voie publique ou dans des lieux accessibles au public.

« Pour l'application des dispositions du présent article, les véhicules en circulation ne peuvent être immobilisés que le temps strictement nécessaire au déroulement de la visite qui doit avoir lieu en présence du conducteur. Lorsqu'elle porte sur un véhicule à l'arrêt ou en stationnement, la visite se déroule en présence du conducteur ou du propriétaire du véhicule ou, à défaut, d'une personne requise à cet effet par l'officier ou l'agent de police judiciaire et qui ne relève pas de son autorité administrative. La présence d'une personne extérieure n'est toutefois pas requise si la visite comporte des risques graves pour la sécurité des personnes et des biens.

« En cas de découverte d'une infraction ou si le conducteur ou le propriétaire du véhicule le demande ainsi que dans le cas où la visite se déroule en leur absence, il est établi un procès-verbal mentionnant le lieu et les dates et heures du début et de la fin de ces opérations. Un exemplaire en est remis à l'intéressé et un autre est transmis sans délai au procureur de la République.

« Toutefois, la visite des véhicules spécialement aménagés à usage d'habitation et effectivement utilisés comme résidence ne peut être faite que conformément aux dispositions relatives aux perquisitions et visites domiciliaires.

« Le fait que ces opérations révèlent des infractions autres que celles visées dans les réquisitions du procureur de la République ne constitue pas une cause de nullité des procédures incidentes. »

Article 12

Après l'article 78-2-2 du Code de procédure pénale, il est inséré un article 78-2-3 ainsi rédigé :

« Art. 78-2-3. – Les officiers de police judiciaire, assistés, le cas échéant, des agents de police judiciaire et des agents de police judiciaire adjoints mentionnés aux 1°, 1° bis et 1° ter de l'article 21, peuvent procéder à la visite des véhicules circulant ou arrêtés sur la voie publique ou dans des lieux accessibles au public lorsqu'il existe à l'égard du conducteur ou d'un passager une ou plusieurs raisons plausibles de soupçonner qu'il a commis, comme auteur ou comme complice, un crime ou un délit flagrant ; ces dispositions s'appliquent également à la tentative.

« Les dispositions des deuxième, troisième et quatrième alinéas de l'article 78-2-2 sont applicables aux dispositions du présent article. »

Article 13

Après l'article 78-2-2 du Code de procédure pénale, il est inséré un article 78-2-4 ainsi rédigé :

« Art. 78-2-4. – Pour prévenir une atteinte grave à la sécurité des personnes et des biens, les officiers de police judiciaire et, sur l'ordre et sous la responsabilité de ceux-ci, les agents de police judiciaire et les agents de police judiciaire adjoints mentionnés aux 1°, 1° bis et 1° ter de l'article 21 peuvent procéder non seulement aux contrôles d'identité prévus au septième alinéa de l'article 78-2 mais aussi, avec l'accord du conducteur ou, à défaut, sur instructions du procureur de la République communiquées par tous moyens, à la visite des véhicules circulant, arrêtés ou stationnant sur la voie publique ou dans des lieux accessibles au public.

« Dans l'attente des instructions du procureur de la République, le véhicule peut être immobilisé pour une durée qui ne peut excéder trente minutes.

« Les deuxième, troisième et quatrième alinéas de l'article 78-2-2 sont applicables aux dispositions du présent article. »

Article 14

L'article 414 du Code des douanes est complété par un alinéa ainsi rédigé :

« La peine d'emprisonnement est portée à une durée maximale de dix ans et l'amende peut aller jusqu'à cinq fois la valeur de l'objet de la fraude soit lorsque les faits de contrebande, d'importation ou d'exportation portent sur des marchandises dangereuses pour la santé, la moralité ou la sécurité publiques, dont la liste est fixée par arrêté du ministre chargé des douanes, soit lorsqu'ils sont commis en bande organisée. »

Article 15

Le a du 3 de l'article 324 du Code des douanes est ainsi rédigé :

« a) Le procès-verbal peut être rédigé au lieu de dépôt des objets saisis ou au lieu de la constatation de l'infraction.

« Il peut être également rédigé dans les locaux de police, au siège de la brigade de gendarmerie, au bureau d'un fonctionnaire des finances ou à la mairie du lieu ; ».

Article 16

La seconde phrase du premier alinéa de l'article 166 du Code de procédure pénale est ainsi rédigée :

« Les experts signent leur rapport et mentionnent les noms et qualités des personnes qui les ont assistés, sous leur contrôle et leur responsabilité, pour la réalisation des opérations jugées par eux nécessaires à l'exécution de la mission qui leur a été confiée. »

Article 17

Le Code de procédure pénale est ainsi modifié :

1° Après l'article 57, il est inséré un article 57-1 ainsi rédigé :

« Art. 57-1. – Les officiers de police judiciaire ou, sous leur responsabilité, les agents de police judiciaire peuvent, au cours d'une perquisition effectuée dans les conditions prévues par le présent code, accéder par un système informatique implanté sur les lieux où se déroule la perquisition à des données intéressant l'enquête en cours et stockées dans ledit système ou dans un autre système informatique, dès lors que ces données sont accessibles à partir du système initial ou disponibles pour le système initial.

« S'il est préalablement avéré que ces données, accessibles à partir du système initial ou disponibles pour le système initial, sont stockées dans un autre système informatique situé en dehors du territoire national, elles sont recueillies par l'officier de police judiciaire, sous réserve des conditions d'accès prévues par les engagements internationaux en vigueur.

« Les données auxquelles il aura été permis d'accéder dans les conditions prévues par le présent article peuvent être copiées sur tout support. Les supports de stockage informatique peuvent être saisis et placés sous scellés dans les conditions prévues par le présent code. » ;

2° Après l'article 76-1, il est inséré un article 76-3 ainsi rédigé :

« Art. 76-3. – L'officier de police peut, pour les nécessités de l'enquête, dans les conditions prévues à l'article 76, recourir aux opérations prévues par l'article 57-1. » ;

3° Après l'article 97, il est inséré un article 97-1 ainsi rédigé :

« Art. 97-1. – L'officier de police judiciaire peut, pour les nécessités de l'exécution de la commission rogatoire, procéder aux opérations prévues par l'article 57-1. »

Article 18

Le Code de procédure pénale est ainsi modifié :

1° Il est inséré, après l'article 60, un article 60-1 ainsi rédigé :

« Art. 60-1. – Sur demande de l'officier de police judiciaire, qui peut intervenir par voie télématique ou informatique, les organismes publics ou les personnes morales de droit privé, à l'exception de ceux visés au deuxième alinéa de l'article 31 et à l'article 33 de la loi n° 78-17 du 6 janvier 1978 relative à l'informatique, aux fichiers et aux libertés, mettent à sa disposition les informations utiles à la manifestation de la vérité, à l'exception de celles protégées par un secret prévu par la loi, contenues dans le ou les systèmes informatiques ou traitements de données nominatives qu'ils administrent.

« L'officier de police judiciaire, intervenant sur réquisition du procureur de la République préalablement autorisé par ordonnance du juge des libertés et de la détention, peut requérir des opérateurs de télécommunications, et notamment de ceux mentionnés à l'article 43-7 de la loi n° 86-1067 du 30 septembre 1986 relative à la liberté de communication, de prendre, sans délai, toutes mesures propres à assurer la préservation, pour une durée ne pouvant excéder un an, du contenu des informations consultées par les personnes utilisatrices des services fournis par les opérateurs.

« Les organismes ou personnes visés au présent article mettent à disposition les informations requises par voie télématique ou informatique dans les meilleurs délais.

« Le fait de refuser de répondre sans motif légitime à ces réquisitions est puni d'une amende de 3 750 euros. Les personnes morales peuvent être déclarées responsables pénalement dans les conditions prévues par l'article 121-2 du Code pénal de l'infraction prévue au présent alinéa. La peine encourue par les personnes morales est l'amende, suivant les modalités prévues par l'article 131-38 du Code pénal.

« Un décret en Conseil d'État, pris après avis de la Commission nationale de l'informatique et des libertés, détermine les catégories d'organismes visés au premier alinéa ainsi que les modalités d'interrogation, de transmission et de traitement des informations requises. » ;

2° Après l'article 77-1, il est inséré un article 77-1-1 ainsi rédigé :

« Art. 77-1-1. – Sur autorisation du procureur de la République, l'officier de police judiciaire peut procéder aux réquisitions prévues par le premier alinéa de l'article 60-1.

« Sur autorisation du juge des libertés et de la détention saisi à cette fin par le procureur de la République, l'officier de police peut procéder aux réquisitions prévues par le deuxième alinéa de l'article 60-1.

« Les organismes ou personnes concernés mettent à disposition les informations requises par voie télématique ou informatique dans les meilleurs délais.

« Le fait de refuser de répondre sans motif légitime à ces réquisitions est puni conformément aux dispositions du quatrième alinéa de l'article 60-1. » ;

3° Après l'article 151-1, il est inséré un article 151-1-1 ainsi rédigé :

« Art. 151-1-1. – Pour les nécessités de l'exécution de la commission rogatoire, l'officier de police judiciaire peut procéder aux réquisitions prévues par le premier alinéa de l'article 60-1.

« Avec l'autorisation expresse du juge d'instruction, l'officier de police peut procéder aux réquisitions prévues par le deuxième alinéa de l'article 60-1.

« Les organismes ou personnes concernés mettent à disposition les informations requises par voie télématique ou informatique dans les meilleurs délais.

« Le fait de refuser de répondre sans motif légitime à ces réquisitions est puni conformément aux dispositions du quatrième alinéa de l'article 60-1. »

Article 19

La dernière phrase du premier alinéa de l'article 63-1 du Code de procédure pénale est supprimée.

Article 20

Le III de l'article L. 32-3-1 du Code des postes et télécommunications est ainsi modifié :

1° Dans le premier alinéa, le mot : « également » est remplacé par le mot : « légalement » ;

2° Le dernier alinéa est complété par une phrase ainsi rédigée :

« Ils peuvent également conserver certaines données en vue d'assurer la sécurité de leurs réseaux. » [...]

méthodologie et annales

La seconde partie de l'« Annuel » Droit pénal et procédure pénale *expose la méthodologie nécessaire pour préparer, rédiger et réussir une étude de cas ou une consultation, un commentaire d'arrêt ou une dissertation.*

Elle comprend également les sujets et corrigés des épreuves organisées dans diverses universités françaises au cours des sessions d'examen de l'année universitaire 2002-2003. Rédigées par les enseignants qui ont donné ces sujets, ces « annales choisies » illustrent les conseils de méthodologie concernant chaque épreuve à partir de sujets d'examen ayant été réellement donnés au cours de l'année précédente.

La dissertation juridique

Pour réussir une dissertation juridique, il faut d'abord comprendre la nature de l'exercice, laquelle commande de respecter une méthodologie relativement stricte.

1- Nature de l'épreuve

La dissertation juridique n'est **pas un devoir de récitation du cours**. Il ne s'agit pas de reproduire des connaissances d'ailleurs plus ou moins bien comprises mais de réfléchir à un sujet, en utilisant certes les connaissances acquises pendant l'année, mais surtout en élaborant une **réflexion personnelle** et, en ce sens, originale. Dès lors, la dissertation ne fait pas appel à la mémoire, mais à l'intelligence et à la réflexion. Il est donc vain de tenter de rapprocher le sujet à traiter de tel ou tel chapitre du cours, voire de telle section ou de tel paragraphe. Car l'approche (analytique) qui est celle d'un cours diffère sensiblement de celle (synthétique) qui est exigée dans une dissertation. **La dissertation est une démonstration** : vous devez livrer au correcteur votre approche de la question posée, en la justifiant par des considérations juridiques. Dès lors, un bon devoir ne doit pas se limiter à une explication technique des mécanismes juridiques que vous discutez. Il doit indiquer en outre comment ces mécanismes se rattachent au sujet, et pourquoi tel mécanisme est cité à tel endroit de la démonstration et pas ailleurs. Il s'agit donc d'un exercice difficile, qui impose le respect d'une méthode adaptée.

2- Conseils méthodologiques

La construction d'une dissertation juridique se décompose en plusieurs étapes : signification du sujet, recherche de la matière, construction du plan, introduction, conclusion, rédaction et relecture.

A• Signification du sujet

Il est impératif de **lire plusieurs fois le sujet** pour être certain de bien le comprendre. Cela vous évitera des hors-sujet, des contresens ou des oublis. Même si le conseil peut paraître un peu scolaire, le plus simple est sans doute de procéder en deux temps. Il faut, tout d'abord, rechercher **la signification de chaque mot pris isolément, puis la signification de tous les mots ensemble**. Les deux étapes sont indispensables et complémentaires. L'approche mot à mot permet de découvrir d'éventuelles polysémies (par exemple, le mot « silence » peut signifier soit le fait de se taire, soit l'absence de disposition expresse de la loi ou du règlement; le mot « délit » désigne soit une infraction quelconque, soit de manière plus technique, l'infraction punie de peine correctionnelle; le mot « loi » comporte un sens matériel et un sens formel; le mot « directeur » est tantôt un adjectif, tantôt un nom etc.). Quant à l'approche du sujet dans sa globalité, elle permet non seulement de le comprendre, mais aussi d'éliminer certaines fausses pistes. Par exemple, le mot « mineur » ne doit pas être pris dans le sens « d'enfant ». Même lorsqu'on devient majeur, on reste toujours l'enfant de ses parents. Dans l'intitulé suivant « le secret de l'instruction », le mot « instruction » ne doit pas être pris dans son sens le plus large, l'instruction définitive (à l'audience) suivant en effet l'instruction préparatoire (phase d'instruction). Puisqu'en principe la phase de jugement est publique, « le secret de l'instruction » renvoie donc à l'instruction réalisée avant jugement par le juge d'instruction.

Afin de dégager la signification du sujet, il faut écarter les sens qui ne correspondent pas au sujet posé et justifier ce choix dans l'introduction.

Enfin, durant la réflexion sur la signification du sujet, il est important de noter sur un papier les idées qui viennent à l'esprit afin d'éviter qu'elles ne se perdent par la suite. Cela est d'autant plus utile, que l'étudiant n'a pas le temps de rédiger son devoir au brouillon. Le brouillon sert à construire le plan détaillé et, éventuellement, à rédiger l'introduction. Il ne faut surtout pas rédiger l'intégralité de la dissertation au brouillon car vous n'auriez pas le temps de la recopier.

B• Recherche de la matière

La signification du sujet étant précisée, il faut passer à l'étape suivante : celle de la recherche de la matière. Il s'agit ici de se demander quels éléments doivent être retenus et quels sont ceux qui doivent être exclus.

Sauf si le sujet vous impose une telle limitation (ex. le contradictoire pendant le jugement) vous devez **rechercher la matière de votre réflexion sans vous cantonner à un domaine précis du droit** : réfléchissez non seulement du point de vue du droit substantiel, droit pénal général, droit pénal spécial, droit civil, ou encore en droit commercial, en droit des sociétés, en droit fiscal, mais aussi de la procédure pénale ou même civile et administrative... Sans doute le conseil est-il difficile à mettre en œuvre en Deug. Mais ce n'est pas une raison suffisante pour y renoncer.

Pour cette recherche de la matière, le plus simple est de parcourir la table alphabétique des codes. Ces tables recensent en effet, les principaux mécanismes juridiques.

Pour chaque élément trouvé (ou chaque entrée de la table si vous travaillez avec un Code), il faut **vérifier que cet élément ou cette entrée se rattachent bien au sujet à traiter**. À l'expérience, on constate que certains éléments s'imposent, que d'autres sont exclus, et que d'autres enfin sont à la marge. Pour ces derniers, il vous appartient de prendre parti (inclusion dans le devoir ou exclusion) en justifiant votre choix. Par exemple, dans un sujet sur « le mineur et le droit pénal », il est certain que les thèmes de la responsabilité pénale du mineur, des juridictions d'exception et des spécificités procédurales entrent dans le sujet. Il est tout aussi certain que le thème de la responsabilité des père et mère du mineur n'y est pas compris. Quant au thème concernant le mineur victime, il est à la marge du sujet (la minorité de la victime est une source d'aggravation de la responsabilité de l'auteur, mais il n'existe aucune spécificité notable par rapport à la protection des autres victimes vulnérables) et vous pouvez, selon votre sensibilité, l'y inclure ou l'en exclure. Mais **il est impératif de justifier votre choix**. D'une part cela permettra au correcteur de comprendre ce choix ; d'autre part, cela lui montrera que vous aviez bien pensé au thème que vous avez, finalement, choisi d'exclure (le fait d'y avoir pensé peut être important dans la notation finale).

Une fois le recensement des éléments du sujet terminé, vous devez vous demander de quelle manière ces éléments se rattachent au sujet : il y a des éléments illustratifs d'une idée, d'autres qui s'y opposent... Cette étape est capitale car elle jette les bases de votre discussion future. **Demandez-vous quelle est (ou quelles sont) l'idée (ou les idées) directrice(s) du sujet.** Lorsque vous les avez découvertes, discutez ces idées et/ou les mécanismes qui en sont l'illustration.

La discussion doit être conduite *de lege lata* (c'est-à-dire d'après le droit tel qu'il est), mais aussi *de lege ferenda* (d'après le droit tel qu'il devrait être : dans la perspective d'une réforme). Discutez également en légalité (le mécanisme étudié est-il conforme à la loi ?) et en opportunité (la solution est-elle concrètement bonne ? ; satisfait-elle les impératifs de justice, de sécurité juridique, de prévisibilité de la règle de droit ? ; tient-elle compte des exigences de la pratique, de la vie des affaires ? ; est-elle de nature à assurer la paix sociale ?).

Vous devez, enfin, **donner votre sentiment personnel et le justifier**. N'hésitez pas à faire état des opinions doctrinales, des données jurisprudentielles, des données de droit comparé ou des aspects pratiques que vous connaissez.

C• Construction du plan

La dissertation juridique est sans doute l'exercice dans lequel les exigences de forme sont les plus contraignantes.

Le plan est l'art du regroupement. **Ce regroupement doit être logique et au service de la démonstration que vous entendez faire.** Il doit vous permettre non seulement d'exposer votre démonstration, mais aussi de convaincre votre correcteur de la cohérence de votre pensée et de la pertinence du cheminement choisi pour l'exprimer. Il n'y a donc jamais de plan type, qu'il serait possible de réutiliser d'une dissertation à l'autre. Le plan est le résultat d'une démarche personnelle commandée tout à la fois par la nature du sujet et par la personnalité du candidat.

Faites un plan, si possible en deux parties et deux sous-parties. Le plan en trois parties est délicat à manier. Il vaut mieux s'en méfier. En aucun cas votre plan ne doit faire quatre, cinq voire six parties... il ne s'agirait plus alors d'un plan mais d'une succession de paragraphes.

Le plan idéal de la dissertation est donc du genre suivant :

I.–...

A.–...

B.–...

II.–...

A.–...

B.–...

Privilégier les **intitulés brefs** (l'intitulé est une étiquette indiquant le contenu de la partie ou de la sous-partie ; une étiquette est toujours brève !) : pas de verbe, pas de « et », pas de « : ». Les intitulés doivent commencer par un article (le, la, les, un, une... : le concours réel d'infractions, la constitution de partie civile).

Au stade du DEUG, il est plus sage de privilégier les intitulés techniques. Les plans d'idées sont plus risqués : si le correcteur ne partage pas vos idées, non seulement vous risquez d'être pénalisé sur le fond, mais le plan aussi va s'écrouler alors qu'un plan technique vous met à l'abri de ce dernier risque.

Les éléments les plus importants de la démonstration doivent être placés dans le I/B et le II/A.

D• L'introduction

C'est une partie importante. Elle vous permet d'influencer favorablement le correcteur. Elle montre également si vous avez bien compris le sujet, et elle indique la manière dont vous allez l'aborder. Le plus difficile est de commencer : vous pouvez utiliser des citations ou un adage latin pour passer le cap de la première phrase (pour peu qu'ils aient quelque rapport avec le sujet à traiter !). À défaut, il suffit de **présenter le problème étudié dans une courte phrase d'attaque**.

Selon l'orthodoxie la plus pure, l'introduction doit représenter environ un tiers du devoir.

L'introduction comprend les développements relatifs à la signification du sujet (v. *supra*).

Après avoir défini le sujet, il faut ensuite élargir : montrer son importance, son actualité, ses aspects historiques, sociologiques, voire économiques, par exemple, pour en venir ensuite aux aspects strictement juridiques et à la discussion du sujet lui-même : c'est le système de l'entonnoir.

La fin de l'introduction doit déboucher sur l'annonce du plan. Elle doit être rédigée dans un style léger : on peut mesurer l'importance du contradictoire tant pendant la phase d'instruction (I) que lors du jugement (II).

E• La conclusion

Idéalement, la conclusion poursuit deux objectifs : faire la **synthèse de ce qui a été dit** — vous devez y retracer les enseignements essentiels de votre réflexion ; sous ce rapport, la conclusion constitue le point d'aboutissement de la démonstration — et **élargir la réflexion** soit en proposant une solution soit en formulant une question plus générale à laquelle conduit votre réflexion mais que vous n'avez pas traitée car elle ne rentre pas dans votre sujet.

F• La rédaction

N'oubliez pas que **vous écrivez pour être lu et surtout pour être compris** : la dissertation étant une démonstration, il faut que le lecteur puisse suivre continuellement le cheminement de votre pensée. À cette fin, on peut donner plusieurs conseils :

– privilégiez les phrases courtes ;

– lorsque vous passez d'une idée à l'autre, il faut utiliser des mots de liaison : par ailleurs, ainsi, cependant, d'autre part, en revanche... Cela permet au lecteur de suivre plus facilement l'argumentation développée et de ne pas perdre le fil de votre pensée ;

– utilisez les paragraphes : changez de paragraphe lorsque vous avez fini de traiter l'un des aspects de votre dissertation (une idée, un paragraphe). Cela contribue à la clarté de l'exposé et constitue un guide utile pour le lecteur ;

– vous devez absolument proscrire les abréviations, et vous ne pouvez vous affranchir des règles de grammaire de syntaxe et d'orthographe qui ont leur importance dans la mesure où une mauvaise rédaction est souvent un obstacle à la bonne compréhension du fond par le correcteur.

Rappelons enfin que les annonces de plan et les transitions doivent être légères (évitez la formule « nous verrons donc dans un A... ») : annoncez votre intitulé et faites le suivre de (I) ou (A).

G• Gestion du temps

L'expérience montre que l'une des difficultés que rencontrent les étudiants lors des examens tient à la gestion du temps. En DEUG, la durée des épreuves écrites est le plus souvent de 3 heures (il faudrait être inconscient ou cruel pour donner une dissertation en 1 heure 30) ce qui est finalement très court. L'examen est donc une course contre la montre.

Pour ne pas se laisser prendre par le temps, il est possible de procéder de la manière suivante, en partant de la fin de l'épreuve et en remontant.

Sur une épreuve de 3 heures :

• retirer 10 minutes pour la relecture ;

• retirer le temps nécessaire à la rédaction (à vous de le déterminer ; le plus souvent, il faut compter 1 heure) ;

• il reste 1 h 50 : ce temps peut être réparti de la manière suivante :

– signification du sujet : 20 minutes

– recherche de la matière : 40 minutes

– construction du plan : 30 minutes
– introduction : 10 minutes
– conclusion : 10 minutes

Bien entendu, les indications ci-dessus peuvent varier d'un candidat à l'autre et d'un sujet à l'autre.

Enfin, il est très utile de pouvoir évaluer, en cours d'épreuve, si l'on est en avance ou en retard. À cette fin, et en fonction du timing que vous aurez arrêté, le plus simple est de noter sur votre brouillon les repères horaires. Vous saurez, par exemple, que vous devez avoir fini la recherche de la matière à 10 h 30, avoir terminé la construction du plan à 11 heures, etc.

Université
Sciences sociales (Toulouse I)

mars 2003 – second semestre

maître de conférences ayant donné le sujet et établi le corrigé
Catherine Ginestet

programme

Procédure pénale : action publique, action civile, organisation des juridictions et compétence judiciaire, instruction préparatoire, procédure d'audience et de jugement, voies de recours.

mots clés

instruction préparatoire, juge d'instruction, chambre de l'instruction, juge des libertés et de la détention, ministère public

sujet

Faut-il supprimer le juge d'instruction ?

indications de correction

Le juge d'instruction est incontestablement le personnage sur lequel se focalisent le plus les critiques de l'opinion face à la procédure pénale. Dans un certain nombre de cas, il incarne cette procédure. Il est vrai qu'il intervient à l'un des moments clefs du procès et qu'il est investi à la fois de pouvoirs d'enquêteur et de pouvoirs juridictionnels. Il est ainsi une spécificité du droit français et la question se pose de plus en plus de son opportunité, ce d'autant qu'il n'intervient statistiquement que pour un faible pourcentage d'affaires. La question de son maintien ou de sa suppression est sous-jacente depuis longtemps déjà, mais elle se pose ouvertement depuis l'introduction dans notre droit de dispositions issues de la réforme du 15 juin 2000.

Son origine remonte au Code d'instruction criminelle, même s'il peut être présenté comme le lointain successeur du lieutenant criminel d'Ancien Régime. Dès sa création cependant — ou peu s'en faut —, son statut et ses pouvoirs ont été discutés. Les moyens successivement retenus par de multiples textes avortés ou de simples projets de réforme tournent généralement autour de deux idées : soit faire cohabiter le juge d'instruction avec une juridiction collégiale (chambre du conseil jusqu'en 1856, chambre d'accusation, chambre d'instruction, chambre des demandes de mises en détention provisoire et pour finir chambre de l'instruction), soit rogner ses pouvoirs, en ne lui confiant que des pouvoirs juridictionnels par exemple, jusqu'à envisager sa disparition pure et simple (projet de réforme de 1949).

La question préoccupe le législateur depuis plusieurs décennies et les tentatives sont nombreuses pour réformer cette étape du procès. Trop nombreuses certainement. Les textes votés n'ont pas toujours la cohérence attendue. Il faudrait que le législateur fasse un choix clair entre les divers systèmes de politique criminelle et qu'il n'essaie pas systématiquement de composer entre des exigences contradictoires, celles issues de notre tradition plutôt inquisitoire et celles empruntées au modèle anglo-saxon.

Ainsi, tout en conservant pour l'heure cette institution contestée, le législateur se montre très suspicieux face à ce magistrat. Réforme après réforme, il choisit de lui rogner peu à peu ses pouvoirs ; ce mouvement vient à menacer l'existence du juge d'instruction (1–). Pourtant, en dépit de toutes les controverses, il demeure la cheville ouvrière de l'instruction préparatoire. Sa pérennité tend à prouver que son existence s'avère nécessaire (2–).

1– L'existence menacée du juge d'instruction

Pour répondre aux travers persistants de l'instruction réalisée par le juge d'instruction (A), la loi du 15 juin 2000 en particulier a mis en place un dispositif qui s'avère dangereux pour lui (B).

A• Les travers persistants de l'instruction par le juge d'instruction

Les raisons pour lesquelles l'existence du juge d'instruction est menacée sont simples, même si certaines sont fallacieuses. Il lui a souvent été reproché par exemple de prendre seul ses décisions, même les plus graves. C'est oublier cependant que notre système juridique fait une large place au juge unique, et que le principe de la collégialité est l'un de ceux qui recule le plus. De manière spécifique en outre, la longueur de l'instruction et les pouvoirs trop importants de ce juge, souvent trop jeune, sont aussi contestés. Mais, là encore, il faut faire la part des choses.

La longueur de la procédure n'est pas uniquement due à l'inertie du juge. Dans la mesure où les recours se multiplient, où les demandes d'actes sont élargies pour une meilleure défense de la personne poursuivie, le retard dans le déroulement de l'instruction et *in fine* le délai déraisonnable du procès seront imputables à la défense elle-même. Enfin, la lourdeur de la procédure est organisée par le législateur lorsqu'il démultiplie les actes, qu'il complexifie les règles. Or, le juge d'instruction est tenu de respecter scrupuleusement les textes.

Quant à ses pouvoirs, ils sont considérés trop importants ; le cliché est ancien. Pendant longtemps en effet, la mise en examen (ancienne inculpation) et la détention provisoire relevaient de sa compétence exclusive. Ces actes graves et, néanmoins, nécessaires heurtent la présomption d'innocence, de sorte que le législateur n'a de cesse que de les réformer. L'idée est aujourd'hui d'obliger le magistrat instructeur à passer par le stade intermédiaire du témoin assisté (art. 80-1, al. 3, C. proc. pén.). Le législateur impose ainsi une mise en cause graduelle, dans le but de protéger plus efficacement la présomption d'innocence. La détention provisoire, quant à elle, est enserrée dans des limites de plus en plus étroites pour éviter qu'elle ne devienne systématique et qu'elle ne prenne des allures de « détention pression ». Cette atteinte à la liberté doit donc respecter des conditions très précises, elle est contenue dans des délais butoirs qui permettent de lutter contre les détentions trop longues. Toutes ces précautions n'ont pas suffi à faire diminuer le nombre de détention provisoire et la loi du 15 juin 2000 a retiré ce pouvoir au juge d'instruction au profit du juge des libertés et de la détention.

Tous ces travers ont été jugés assez graves pour instaurer un dispositif qui menace l'existence du juge d'instruction.

B• Le dispositif légal menaçant l'existence du juge

Certaines dispositions de la loi du 15 juin 2000 semblent rendre possible la disparition de ce juge. Force est de constater néanmoins que le législateur l'a maintenu. Alors, son existence est-elle réellement menacée ? Certaines voix se sont élevées pour contester cette approche et soutenir que sa position est au fond renforcée.

De prime abord, les dispositions légales en feraient douter. L'article préliminaire du Code de procédure pénale précise que la procédure pénale doit « garantir la séparation des autorités chargées de l'action publique et des autorités de jugement ». Il n'y est pas question des autorités chargées de l'instruction. Est-ce un oubli ou une étape ? Par ailleurs, le pouvoir de placer une personne en détention provisoire est confié au juge des libertés et de la détention, sur demande motivée du juge d'instruction (plus réquisitions du parquet), ce qui en pratique porte peut-être plus atteinte à la présomption d'innocence qu'à l'existence du juge d'instruction. L'on n'a pas manqué de faire observer par ailleurs que la décision relevait donc toujours d'un juge unique. Plus généralement, le contrôle du juge de l'instruction se développe, contrôle des juridictions mais aussi des particuliers dont le recours devant la chambre de l'instruction, permet de faire accélérer l'instruction (art. 175-1 C. proc. pén.) et d'en demander la clôture.

Mais certains auteurs considèrent que sa position est renforcée dans la mesure où, par exemple, il peut directement saisir désormais la cour d'assises, puisqu'il n'y a plus qu'un seul degré d'instruction obligatoire en matière criminelle. Ceci marque au moins les hésitations à le supprimer et prouve que son existence est nécessaire.

2– L'existence nécessaire du juge d'instruction

Le juge d'instruction n'est pas un ornement inutile de notre procédure. Il est en effet un contrepoids vis-à-vis du parquet (A) et il s'impose aujourd'hui, plus qu'hier, comme la cheville ouvrière de l'instruction (B) dans les affaires particulièrement complexes et en matière criminelle.

A• Le contrepoids face au ministère public

Le ministère public est incontestablement à l'heure actuelle l'homme fort de la procédure pénale, ce qui se manifeste en particulier avec l'opportunité des poursuites. Il est la partie principale face à laquelle les parties privées sont encore, sur certains points, en situation d'infériorité procédurale (accès permanent au dossier ; filtrage des appels contre ordonnances juridictionnelles du juge d'instruction). L'existence du magistrat instructeur permet ainsi d'équilibrer la procédure, ce d'autant que l'instruction se fait à charge et à décharge alors que le parquet exerce la poursuite. Le parquet n'est pas neutre au contraire du juge d'instruction qui est parfaitement indépendant du ministère public, de la juridiction de jugement et des parties. Cette indépendance est donc une garantie indispensable pour le justiciable. Si le juge d'instruction n'a plus le pouvoir de décider de la détention provisoire, il peut en revanche repousser une demande de placement en détention provisoire du parquet par exemple (art. 137-4 C. proc. pén.) et ordonner la mise en liberté de la personne détenue si sa détention ne se justifie plus.

S'il a pu être envisagé, lors de précédents projets de réforme (1949), de confier les pouvoirs du juge d'instruction au représentant du parquet, cela suppose une réflexion d'ensemble sur la place du ministère public dans la procédure. La disparition du juge d'instruction impliquerait en effet l'indépendance totale du parquet par rapport à l'État. De manière plus singulière, la question des instructions du supérieur hiérarchique devrait être réglée. Enfin, si le juge des libertés et de la détention devait remplacer le juge d'instruction dans ses fonctions actuelles, un juge unique remplacerait un autre juge unique, de sorte que le changement serait... terminologique.

En l'état actuel des choses, la présence de ce magistrat spécialisé semble donc indispensable, ce d'autant que l'intervention de la chambre de l'instruction en tant que juridiction supérieure de l'instruction sera moins systématique qu'autrefois.

B• Le rôle ponctuel de la chambre de l'instruction

La réforme de la procédure criminelle est marquée notamment par la disparition du double degré d'instruction au profit... du juge d'instruction. Les griefs contre la chambre d'accusation sont connus qui agissait, disait-on, comme chambre de la confirmation. Ce n'est plus, par principe, la chambre de l'instruction qui procède à la mise en accusation mais le juge d'instruction qui rend une ordonnance de mise en accusation. De manière très indirecte il est vrai, le juge d'instruction renforce ainsi sa position au moins en ce qui concerne les crimes.

Pour être ponctuel, le rôle de la chambre de l'instruction n'en est pas moins réel. Il arrivera qu'elle saisisse comme avant la réforme la cour d'assises à la suite d'une évocation par exemple.

Le contrôle de la chambre de l'instruction sur l'activité du juge d'instruction est également bien réel. Par exemple, l'article 175-1 permet à la personne mise en examen, au témoin assisté ou à la partie civile de faire accélérer l'instruction et sous certaines conditions de saisir le président de la chambre de l'instruction pour se prononcer sur cette demande de clôture. Le législateur se méfie cependant des recours intentés par les parties privées contre les ordonnances du juge d'instruction, il impose ici un filtrage des appels par le président de la chambre de l'instruction. Ceci étant, ce dispositif est inspiré par une volonté de célérité de l'ensemble de la procédure.

Ce juge décrié demeure encore aujourd'hui l'organe central de l'instruction ; il est ancré dans notre tradition judiciaire et il faudra une volonté politique forte pour le faire disparaître.

Le commentaire de texte

L'étudiant de DEUG peut être confronté soit à un commentaire d'article (de Code ou de loi), soit au commentaire d'un texte de doctrine, soit, enfin, à un commentaire d'arrêt. Ce dernier exercice étant le plus courant et aussi le plus redouté des étudiants, c'est à lui que ce chapitre sera consacré.

1– Nature de l'épreuve

Pour faire un commentaire d'arrêt, il faut d'abord bien comprendre ce qu'est un arrêt. **Un arrêt est une solution que donne un juge à un problème de droit.** Dès lors, faire un commentaire d'arrêt consiste, d'une part, à **expliquer la solution** (pourquoi le juge a-t-il été conduit à retenir cette solution, sur quels textes s'est-il appuyé etc.) et, d'autre part, à **la discuter**. Le commentaire d'arrêt n'est pas un devoir de récitation du cours. Il ne s'agit pas de reproduire des connaissances plus ou moins bien comprises mais de discuter la solution retenue par le juge en utilisant les connaissances acquises pendant l'année et en élaborant une réflexion personnelle sur l'arrêt. D'une certaine façon, le commentaire d'arrêt est une démonstration : vous devez livrer au correcteur votre sentiment sur la décision rendue, en la justifiant par des considérations juridiques. Dès lors, un bon devoir ne doit pas se limiter à une explication de l'arrêt (fiche d'arrêt) ; il y manquerait l'essentiel : le commentaire. Celui-ci doit faire ressortir l'avis de son auteur sur l'arrêt à commenter.

2– Conseils méthodologiques

On l'a dit : pour faire un bon commentaire d'arrêt, il faut comprendre l'arrêt et le discuter. Pour comprendre la décision, on a recours à la fiche d'arrêt. La recherche des idées de commentaire et la construction du plan ne viennent que par la suite.

Dès la première lecture de l'arrêt, s'il s'agit d'un arrêt de la Cour de cassation, il est utile de **repérer le visa** (il s'agit du texte sur le fondement duquel est rendue la décision) : cela vous permet d'avoir une idée de la question posée. Il est utile, également de lire le dispositif : vous saurez immédiatement si vous avez affaire à un arrêt de rejet ou de cassation.

A• Fiche d'arrêt

C'est une étape essentielle : si vous avez mal compris l'arrêt, au mieux votre commentaire manquera de pertinence, au pire, il sera totalement hors sujet. En outre, une très bonne fiche d'arrêt influence favorablement le correcteur. Elle lui montre que vous avez su discerner l'essentiel de l'accessoire, que vous avez compris les éléments importants de la décision, autant de points qui augurent bien de la suite du devoir. La fiche d'arrêt comporte plusieurs rubriques.

1. Les faits

Vous devez **sélectionner les faits importants** pour la solution du litige. Il faut les présenter succinctement mais précisément. Faites attention à la qualité juridique de chaque partie (qui est le demandeur, le défendeur, l'auteur, le complice, etc.). Faites aussi attention aux dates qui peuvent avoir une incidence importante sur la loi applicable, la prescription ou encore la validité d'un acte juridique.

2. La procédure

Vous devez décrire **la procédure antérieure à la décision commentée**. Concrètement, il faut retracer l'ensemble du processus judiciaire depuis la saisine du juge de première instance jusqu'à la saisine de la juridiction dont vous commentez l'arrêt. Par exemple, si vous travaillez sur un arrêt de la Cour de cassation, vous devez retracer la décision du premier juge et celle de la cour d'appel. Reste que ce schéma peut se trouver perturbé dans plusieurs cas. Il peut arriver que la solution du premier juge soit inconnue. Dans ce cas-là, exposez directement la solution de la cour d'appel. Mais il peut arriver aussi qu'il n'y ait pas eu d'arrêt d'appel (l'appel n'est pas possible quand l'intérêt litigieux est trop faible). Dites-le. Il peut arriver enfin qu'il y ait plusieurs pourvois en cassation. Il faut alors être extrêmement attentif à la procédure pour ne pas commettre de contresens.

Dans la rubrique procédure, il faut faire une place aux **prétentions des parties** (on peut aussi en faire une rubrique à part...). Il convient notamment de préciser ce que chaque partie demande et sur quels arguments elle fonde sa demande.

3. Le problème de droit

Vous devez indiquer la **question de droit que tranche l'arrêt**. Ce point est essentiel et toute erreur à ce stade est le plus souvent fatale : si vous n'avez pas trouvé le bon problème de droit, vous aurez le plus grand mal à expliquer et commenter la solution que l'arrêt donne à ce problème. Votre devoir sera en partie (voire en totalité) hors sujet. La manière dont vous présentez le problème de droit montre votre bonne compréhension de l'arrêt. Le correcteur sera, d'ailleurs, très attentif à ce point.

La découverte du problème de droit est parfois délicate. Le plus souvent, vous pouvez le déduire des prétentions des parties. Il faut toutefois être attentif au point suivant : les prétentions des parties ne font parfois ressortir qu'un problème médiat, qui suppose la résolution d'une difficulté juridique différente, souvent préalable. C'est cette question qui constitue le problème de droit, dès lors qu'elle est tranchée par l'arrêt que vous commentez. Par exemple, A est poursuivi devant le tribunal correctionnel par le procureur de la République et par la victime pour coups et blessures volontaires. A soutient qu'il était en état de légitime défense. L'action publique et civile ne peut prospérer que si la légitime défense est écartée. Telle est la question que tranche l'arrêt ; tel est le problème de droit.

En cas de difficulté, il existe une méthode simple pour repérer et formuler le problème de droit. Elle consiste à rechercher l'attendu qui comporte la solution et à le transformer en une question.

4. La solution

Vous devez indiquer la solution que donne la juridiction au problème de droit qui lui était posé. Si l'attendu qui comporte la solution est trop long, il faut en extraire celle-ci afin de ne pas allonger inutilement le devoir.

5. Les motifs

Vous devez indiquer les motifs de droit et de fait qui ont conduit la juridiction saisie à retenir la solution que vous avez présentée plus haut. Il peut arriver que la motivation soit longue. Vous devez alors ne retenir que les motifs les plus importants. Il peut arriver aussi que les motifs soient très succincts. Cela nourrira le commentaire...

B• Recherche des idées de commentaire

La fiche d'arrêt terminée, vous n'avez accompli que la moitié du travail car vous n'avez encore effectué aucun commentaire. Il faut, bien entendu, se garder de la paraphrase qui n'apporte rien. **Un bon commentaire doit apporter, si l'on peut s'exprimer ainsi, une valeur ajoutée à la solution.** Pour cela, il faut démonter le mécanisme de la solution retenue par le juge afin de bâtir votre propre démonstration : pour résoudre tel problème, le juge s'appuie sur tel texte et il en déduit telle ou telle conséquence.

Les étudiants de DEUG éprouvent souvent des difficultés pour trouver des idées de commentaire. Il est possible d'explorer plusieurs pistes. Vous pouvez commenter :

– **en légalité** : les textes utilisés par le juge étaient-ils applicables ? ; le juge les a-t-il bien appliqués ? ; la solution qu'il a retenue est-elle conforme aux textes qu'il a utilisés ? ; est-elle compatible avec les autres textes qui régissent la matière ? ; *de lege ferenda* (c'est-à-dire d'après le droit tel qu'il devrait être : dans la perspective d'une réforme), une autre solution devrait-elle être adoptée ? etc. N'oubliez pas la logique et le bon sens, qui sont des qualités dont le droit ne peut pas se passer ;

– **en jurisprudence** : la solution retenue par l'arrêt est-elle conforme à la jurisprudence de la Cour de cassation ou des cours d'appel ? ; s'agit-il au contraire d'un revirement de jurisprudence ?

– **en doctrine** : s'il est important, le problème que tranche l'arrêt a sans doute été étudié par la doctrine qui a dû évaluer les avantages et les inconvénients des différentes solutions envisageables. Vous devez resituer la solution de l'arrêt commenté dans ce débat doctrinal ;

– **en opportunité** : il ne suffit pas qu'une solution soit correcte en droit. Encore faut-il que ses effets soient satisfaisants en fait. Une solution juridiquement correcte qui produirait des conséquences de fait injustes ne mériterait sans doute pas d'être approuvée. N'oubliez pas que le droit à pour mission d'assurer la paix sociale en arbitrant justement entre des intérêts contradictoires. La solution que vous commentez respecte-t-elle ces préceptes ? Satisfait-elle les impératifs de justice, de sécurité juridique, de prévisibilité de la règle de droit ? ; tient-elle compte des exigences de la pratique ? etc.

On peut citer enfin la piste de l'**histoire du droit** (le problème tranché par l'arrêt s'est-il déjà posé dans notre histoire ? ; comment avait-il été résolu ? ; avantages et inconvénients...) et celle du **droit comparé** (la solution retenue par l'arrêt commenté est-elle appliquée à l'étranger ? ; selon quelles modalités ? ; avec quels avantages et quels inconscients ?...) en ayant conscience, toutefois, que ces pistes sont difficiles à explorer en DEUG.

Après avoir parcouru ces différentes pistes, vous devez avoir acquis un avis personnel sur la solution commentée. Vous devez impérativement faire état de votre avis et le justifier.

C • Construction du plan

Comme toujours dans un commentaire de texte, **c'est le texte qui donne le plan**.

Privilégiez la structure en deux parties et deux sous-parties déjà présentée pour la dissertation (v. *supra*).

Proscrivez les développements purement théoriques ou hors sujet.

Le plus simple, pour « coller à l'arrêt » est sans doute de reprendre la solution sous forme d'intitulés. On ne pourra pas vous reprocher de vous être éloigné de la décision commentée.

Imaginons que le juge prononce une condamnation pour complicité de tentative de meurtre par instigation alors que parallèlement l'auteur principal est acquitté sur le fondement d'un trouble psychique tout en étant condamné à verser des dommages-intérêts à la victime. Le plan peut très facilement être le suivant :

I. La condamnation de l'instigateur
A. L'existence d'une infraction tentée
B. L'instigation
II. L'acquittement de l'auteur principal
A. L'existence d'une cause subjective d'irresponsabilité pénale
B. Le maintien de la responsabilité civile

Les étudiants éprouvent souvent des difficultés à rédiger les sous-parties. Le plus simple est d'expliquer la solution et de la commenter ensuite. Chaque sous-partie aura donc, au moins, deux paragraphes.

Le devoir acquiert alors la structure suivante :

I. La condamnation de l'instigateur
A. L'existence d'une infraction tentée
– explication
– commentaire
B. L'instigation
– explication
– commentaire
II. L'acquittement de l'auteur principal

A. L'existence d'une cause subjective d'irresponsabilité pénale
– explication
– commentaire
B. Le maintien de la responsabilité civile
– explication
– commentaire

NB : il n'est pas nécessaire de faire apparaître sur le devoir « explication ; commentaire ». Ce ne sont que des guides pour vous aider à structurer vos développements.

D• Introduction

L'introduction du commentaire d'arrêt a une grande importance. Elle vous permet d'influencer favorablement le correcteur. Elle montre également si vous avez bien compris l'arrêt, et elle indique la manière dont vous allez l'aborder.

L'introduction comporte trois temps :

– **la phrase d'attaque :** le plus difficile est de commencer. Vous pouvez utiliser des citations ou un adage latin pour passer le cap de la première phrase (pour peu qu'ils aient quelque rapport avec le sujet à traiter !). À défaut, il suffit de présenter le problème étudié dans une courte phrase d'attaque ;

– **l'analyse de l'arrêt :** la fiche d'arrêt ;

– **l'annonce du plan :** comme on l'a déjà dit, le plan doit être construit sur l'arrêt. Les annonces doivent être les plus légères possibles (évitez la formule : « nous verrons donc dans une deuxième partie... »). Glissez votre intitulé dans une phrase et faites-le suivre de (I) ou (II).

E• Conclusion

En principe, il n'y a pas de conclusion dans un commentaire d'arrêt. Tout au plus peut-on achever le devoir par une phrase de conclusion rappelant l'avis du rédacteur sur l'arrêt.

Université
Pierre-Mendès-France (Grenoble II)

juin 2003 – second semestre

maître de conférences ayant donné le sujet et établi le corrigé
Martine Exposito

programme
Procédure pénale.

mots clés
action publique, plainte, constitution de partie civile, instruction

sujet
commentez l'arrêt de la chambre criminelle, 8 décembre 1906, *Placet dit Laurent-Atthalin* :

Attendu qu'une plainte contre divers, du chef de faux et de complicité de ce crime, a été déposée par le sieur Placet aux mains de l'un des juges d'instruction près le tribunal de la Seine, le 24 février 1906 ; que, après avoir reçu les déclarations du plaignant, qui s'est constitué partie civile, et après avoir communiqué les pièces au procureur de la République, lequel a conclu : « qu'il n'y avait lieu de délivrer de réquisitoire d'informer, » le juge d'instruction a, suivant l'ordonnance en date du 2 mars, déclaré : « n'y avoir lieu à poursuivre ; ».

Attendu que, par l'arrêt attaqué (Paris, ch. d'acc., 1er mai 1906), la chambre des mises en accusation s'est déclarée compétente et régulièrement saisie à l'effet de faire droit sur l'opposition formée à l'exécution de ladite ordonnance par la partie civile, laquelle concluait à ce qu'il fut prescrit information sur sa plainte ;

Attendu que le procureur général, demandeur au pourvoi, soutient que la plainte de la partie civile, dans les conditions prévues par l'article 63 du Code d'instruction criminelle, ne met pas en mouvement l'action publique ; que, dès lors, le juge d'instruction avait dû nécessairement se conformer aux réquisitions de non-lieu à instruire, qui lui interdisaient d'une manière absolue toute autre décision, et que conséquemment la chambre des mises en accusation, dépourvue dans ce même cas et, pour le même motif, du droit d'informer ou faire informer défini dans les articles 228 et 235 du même code, n'avait pu, sans excès de pouvoir, retenir la connaissance d'une opposition à laquelle il ne lui appartiendrait légalement de donner aucune suite ;

Mais attendu que cette interprétation des textes de la manière ne peut être accueillie ; qu'aux termes précis et formels de l'article 63 du Code d'instruction criminelle, « toute personne qui se prétendra lésée par un crime ou un délit pourra en rendre plainte et se constituer partie civile devant le juge d'instruction, soit du lieu du crime ou du délit, soit du lieu de la résidence du prévenu, soit du lieu où il pourra être trouvé » ; Qu'il résulte, d'autre part, de l'article 3 du même code, que les juridictions répressives ne peuvent statuer sur l'action civile qu'autant qu'elles ont été saisies en même temps de l'action publique, et que, dès lors, en investissant la partie lésée du droit de saisir de l'action civile le juge d'instruction, le législateur a nécessairement entendu que le dépôt même de la plainte entre les mains de ce magistrat, avec constitution de partie civile, mettrait également en mouvement l'action publique ; Attendu que la disposition de l'article 63 précité renferme donc l'un des tempéraments apportés par la loi, notamment dans les articles 64, paragraphes 2, 145, 182, 135 du Code d'instruction criminelle, au principe général suivant lequel, aux termes de l'article 1er du même code, l'action pour l'application des peines n'appartient qu'aux fonctionnaires auxquels elle est confiée par la loi ; que le droit pour la partie civile de mettre en mouvement, à ses risques et périls, l'action publique devant le juge d'instruction, s'accorde et se coordonne avec toutes les autres dispositions qui, notamment dans les textes précités, établissent, pour cette partie, un droit parallèle à celui du ministère public ; que, plus spécialement lorsqu'une information s'impose parce que l'acte dommageable a le caractère de crime, la disposition de l'article 63, qui serait sans objet si la plainte devant le magistrat instructeur ne saisissait pas sa juridiction, représente l'équivalent légal et nécessaire de la protection qu'assure le droit de citation directe en matière correctionnelle et de simple police ; Attendu que la poursuite suscitée par la partie civile devant le juge d'instruction offre donc nécessairement, aussi bien que celle qui résulte d'une citation directe, les mêmes caractères que si elle avait été requise par le ministère public ; qu'il faut, dès lors et par voie de conséquence, appliquer au cas prévu dans l'article 63 la règle absolue suivant laquelle la juridiction d'instruction a, comme toute autre, le droit et le devoir de s'exercer dans une pleine indépendance des réquisitions de la partie publique ; que cette règle, d'ailleurs primordiale, ressort surabondamment des articles 128, 129, 130 du Code d'instruction criminelle, qui prévoient le cas où le juge d'instruction a, conformément à l'article 127, communiqué au procureur de la République la procédure terminée ; Qu'on ne saurait, sans méconnaître le caractère le plus essentiel des attributions du juge, admettre davantage qu'il soit lié par les réquisitions intervenues au début de la procédure, sur les pièces communiquées en exécution de l'article 70 du même code, que toute distinction à cet égard serait contraire aux textes, qui n'en contiennent aucune, et aux principes mêmes de notre droit public ;

Attendu qu'il suit de ce qui précède que, quelles que soient les réquisitions prises par le ministère public, au vu de la communication prescrite par l'article 70 susvisé, le juge d'instruction saisi, conformément à l'article 63, d'une plainte avec constitution régulière de partie civile, et d'ailleurs compétent aux termes du même article, a, sous la garantie pour cette partie, du recours institué dans l'article 135 du Code d'instruction criminelle, le devoir d'informer sur la plainte dans telle mesure qu'il appartient ; que cette obligation ne cesse que si le juge d'instruction décide, en l'état, soit que, d'ores et déjà, la prévention est suffisamment établie pour être ainsi qu'il est dit aux articles 129, 130, 133 ; soit que, pour des causes affectant l'action publique elle-même, les faits ne peuvent légalement comporter une poursuite ou que, à les supposer démontrés, ils ne sauraient admettre aucune qualification pénale ; Attendu, dès lors, que, en se déclarant compétente pour statuer sur l'opposition formée par Placet, partie civile, à l'ordonnance rendue le 2 mars 1906, la chambre des mises en accusation de la cour d'appel de Paris n'a commis ni un excès de pouvoir, ni une violation de la loi ;

Par ces motifs, rejette.

indications de correction

La constitution de partie civile devant le juge d'instruction a-t-elle pour effet d'obliger ce magistrat à ouvrir l'information ou, au contraire, un réquisitoire conforme du parquet est-il nécessaire ?

C'est à cette question fondamentale qu'a répondu la chambre criminelle de la Cour de cassation dans son arrêt du 8 décembre 1906.

Alors même qu'il n'a jamais été contesté que la citation directe de la victime devant la juridiction de jugement déclenchait l'action publique, la solution n'était pas unanime en ce qui concerne les conséquences de l'action civile de la victime devant le juge d'instruction. La jurisprudence semblait, toutefois, se porter vers la thèse libérale soutenue, comme nous allons le voir par Faustin-Hélie (Crim., 10 mars 1827, *Bull.* n° 54).

Cette hésitation jurisprudentielle était la conséquence d'une opposition doctrinale déclarée. Deux thèses s'affrontaient. Selon la thèse libérale soutenue par Faustin-Hélie, Ortolan et Garraud, à l'instar de la citation directe, la plainte de la victime avec constitution de partie civile devant le juge d'instruction entraînait la mise en mouvement de l'action publique ; cette qualification de « libéralisme » résultait du fait que cette doctrine plaçait la victime sur un pied d'égalité avec le ministère public en lui permettant d'agir malgré le silence de ce dernier.

La seconde thèse, autoritaire, soutenue essentiellement par Mangin, prônait l'omnipotence du parquet en lui assurant le monopole dans le déclenchement des poursuites, dans la mesure où ce déclenchement ne pouvait résulter que de l'action discrétionnaire du ministère public, que celui-ci agisse *ab initio* ou à la suite d'une constitution de partie civile qu'il soutiendrait par son réquisitoire ultérieur.

C'est dans ce contexte qu'une affaire vint troubler, plus encore, le débat. Des religieux se constituèrent partie civile, sur le fondement d'attentat à la liberté religieuse, contre des décisions de préfets ayant pris des arrêtés conformes aux décrets du 29 mars 1880 portant fermeture et évacuation des établissements scolaires tenus par des congrégations. En l'espèce, la compétence allait exceptionnellement au Premier président de la cour d'appel et non au juge d'instruction, et la juridiction judiciaire retint la thèse libérale, admettant le déclenchement de l'action publique[1]. Mais, les préfets mécontents de la solution adoptée, saisirent le Tribunal des conflits qui, dans trois arrêts du 22 décembre 1880, décida que « la constitution de partie civile ne constituait pas l'exercice de l'action publique en l'espèce, compte tenu des textes particuliers régissant la matière[2] ».

On pouvait alors penser que la thèse autoritaire était admise dans ce cas particulier, mais elle fut également étendue de façon générale par un arrêt de la cour d'appel de Lyon le 25 octobre 1905[3]. C'est alors que notre arrêt est intervenu.

Sans entrer dans les détails de l'affaire, il faut revenir sur les divers points de procédure. Placet s'est constitué partie civile auprès du juge d'instruction concernant quelques infractions. Le procureur de la République a conclu qu'il n'y avait pas lieu de délivrer de réquisitoire d'informer, sur quoi, le juge d'instruction a rendu une ordonnance déclarant qu'il n'y avait pas lieu à suivre.

La partie civile forma opposition à l'exécution de cette ordonnance devant la chambre des mises en accusation de la cour d'appel de Paris. Par un arrêt du 1er mai 1906, celle-ci s'est reconnue compétente.

Le procureur général forma alors un pourvoi en cassation en soutenant que la plainte avec constitution de partie civile ne met pas en mouvement l'action publique et donc, le juge d'instruction se devait de se conformer aux réquisitions de non-lieu à instruire, par conséquent, la chambre des mises en accusation était elle aussi dépourvue du pouvoir d'informer dans cette hypothèse et ne pouvait pas retenir la connaissance d'une opposition à laquelle il ne lui appartenait pas de donner suite.

La chambre criminelle de la Cour de cassation se devait de répondre clairement à la question qui lui était alors soumise, notamment dans le contexte jurisprudentiel flou existant alors.

Elle adopta alors la thèse libérale, décidant que le juge d'instruction était valablement saisi par la plainte avec constitution de partie civile, même dans l'hypothèse d'un réquisitoire de non-informer du ministère public. La Haute Juridiction prit la peine de rendre un arrêt de principe dans lequel elle énonce clairement ses motivations et précise que le principe ainsi posé peut néanmoins recevoir exception.

Cette solution libérale ne fut plus jamais remise en cause. Le Code de procédure pénale l'a par ailleurs consacrée. D'une part, il édicte une disposition générale (article 1, alinéa 2) rappelant que l'action publique « ... peut ainsi être mise en mouvement par la partie lésée... » ; d'autre part, l'article 86, disposition spéci-

1. Crim., 12 mai 1881, *D.* 1881.1.385.
2. *D.* 1881.2.17.
3. *D.* 1906.2.89.

fique à l'instruction préparatoire, autorise le procureur de la République à requérir du juge d'instruction le refus d'informer, ce qui signifie *a contrario*, que le principe est bien l'ouverture de l'information et donc la mise en mouvement de l'action publique. On ne peut que remarquer que le texte de l'article 86 reprend, à la lettre, une phrase de l'arrêt *Thirion* indiquant les limites au principe général posé par lui.

La Cour de cassation pose donc un principe clair (1–), même s'il est logiquement assorti de limites, mais ce principe ne pouvait que subir des aménagements par le biais de précisions ultérieures (2–) données par la jurisprudence et par le législateur.

1– Un principe clairement affirmé

Ce principe posé par la Haute Juridiction a été justifié par elle-même qui a pris la peine de motiver très précisément la solution apportée (A), tout en indiquant les limites audit principe (B).

A• Un principe nettement justifié

La Cour de cassation avance, elle-même, dans l'arrêt, un certain nombre d'arguments.

• L'article 63 du Code d'instruction criminelle (article 85 C. proc. pén.) autorise toute personne qui se prétend lésée par un crime ou un délit à se constituer partie civile devant le juge d'instruction. Par ailleurs, l'alinéa 1° de l'article 3 du Code d'instruction criminelle (même article du Code de procédure pénale) indique que les juridictions pénales ne peuvent se prononcer sur l'action civile que si elles ont été saisies de l'action publique. Il faut, dès lors, en conclure qu'en saisissant le juge de son action civile, la victime le saisit aussi nécessairement de l'action publique.

• La Cour de cassation établit ensuite un parallèle rigoureux entre les droits de la partie civile et ceux du parquet. On sait, en effet, que la saisine d'une juridiction de jugement (tribunal correctionnel ou de police) peut résulter de la citation directe du parquet mais également de la victime. Or, on peut légitimement se demander comment admettre le possible déclenchement de l'action publique par la victime en matière correctionnelle tout en le lui refusant en matière criminelle où les enjeux sont beaucoup plus graves (on peut d'ores et déjà remarquer qu'ils sont certes plus graves pour la victime mais ils le sont aussi pour la personne mise en cause !). Par conséquent, si on veut respecter l'égalité entre le ministère public et la victime dans le déclenchement de l'action publique, il faut impérativement donner ce pouvoir à la victime, en cas de crime, par le biais d'une constitution de partie civile devant le juge d'instruction qui est alors le pendant du réquisitoire introductif du parquet.

• Troisième argument avancé par la chambre criminelle, c'est l'indépendance des juridictions d'instruction par rapport au ministère public. On sait, en effet, que cette indépendance est l'un des principes fondamentaux de notre procédure signifiant que si le juge d'instruction est saisi par le ministère public, dans le déroulement de son instruction et dans ses décisions, il demeure totalement libre et ne doit jamais se conformer à un ordre quelconque du parquet. À l'occasion de l'affaire *Thirion*, l'un des problèmes qui se posait consistait dans le fait de savoir si la constitution de partie civile devant le juge d'instruction pouvait déclencher l'action publique contre l'avis du parquet, c'est-à-dire à la suite d'un réquisitoire de non-informer. Il s'agit là d'une question importante, car si l'on répond par la négative, cela signifie que le parquet a le pouvoir de bloquer toute ouverture d'une information ce qui peut paraître choquant, surtout attentatoire à toute idée de justice quand on sait que le parquet n'est pas indépendant mais au contraire, est soumis à la hiérarchie du ministre de la Justice ! Par conséquent, si on veut respecter le principe d'indépendance des juridictions d'instruction et de poursuite, il faut permettre à la victime d'agir contre l'avis du ministère public.

D'autres arguments ont été avancés par des auteurs en faveur du déclenchement de l'action publique par la victime.

Ainsi, selon M. le professeur Jeandidier, permettre au procureur de s'opposer à la mise en mouvement de l'action publique par la victime ferait de lui un juge en matière criminelle[4]. Par ailleurs, l'action civile est une forme de réaction contre l'infraction, elle doit donc être entendue par la juridiction d'instruction comme par la juridiction de jugement. La victime est un auxiliaire de la justice pénale, elle est de plus en plus prise en considération par le législateur (en ce sens les lois les plus récentes sur l'amélioration du sort des victimes). Ce serait un contresens que de faire de la victime une véritable partie à la procédure tout en lui refusant la possibilité de la déclencher.

Enfin, dans un régime de légalité des poursuites, il ne serait pas nécessaire de permettre à la victime de mettre en mouvement l'action publique. En revanche, il s'agit d'un impératif dans un régime comme le nôtre d'opportunité des poursuites. Il serait totalement injuste à l'égard des victimes, mais aussi de la société tout entière, de laisser au procureur le droit de mettre certaines personnes à l'abri des poursuites pénales selon son bon vouloir ou celui du gouvernement en place[5].

4. Wilfrid Jeandidier, *Les grandes décisions de la jurisprudence*, n° 20, PUF, 1986.
5. J. Pradel, A. Varinard, *Les grands arrêts de la procédure pénale*, n° 7, Dalloz.

Dans ce sens, on peut citer une ordonnance du Premier président de la cour d'appel de Poitiers du 9 septembre 1880 selon laquelle « il faut garantir les droits des citoyens contre les refus de poursuivre, qui pourraient dans certains cas [...] constituer un véritable déni de justice[6] ».

Le principe ainsi posé, aussi légitime soit-il, mérite de subir quelques limites, certes, strictement encadrées.

B• Un principe logiquement limité

L'arrêt *Thirion* affirme lui-même l'existence d'une exception, ou plutôt d'exceptions au principe qu'il pose : l'obligation d'informer « ne cesse que si le juge décide, en l'état [...] que pour des causes affectant l'action publique elle-même, les faits ne peuvent légalement comporter une poursuite ou que, à les supposer démontrés, ils ne sauraient admettre aucune qualification pénale ».

Cette limite est la consécration de la notion de refus d'informer qui a toujours été admise (même dans l'Ancien Droit !), mais dont la pratique ne s'est réellement développée qu'à compter des années 1920 afin de ne pas encombrer les cabinets d'instruction d'affaires dont il était évident qu'elles n'aboutiraient pas !

Sur ce point, on doit donc dire que l'arrêt n'est pas novateur, mais il a le mérite d'affirmer clairement un principe qui, jusque-là, n'existait qu'en théorie. On peut d'ailleurs penser qu'il lui a redonné du souffle puisque ce n'est guère plus tard que ce dernier s'est réellement trouvé appliqué. Remarquons, enfin, que ce refus d'informer est, aujourd'hui, consacré par l'article 86 du du Code de procédure pénale dans des termes identiques à ceux de l'arrêt *Thirion*.

Cette décision émane du juge d'instruction ; il s'agit donc d'une ordonnance qui est tout particulièrement contrôlée en ce sens que, aussi bien le parquet que la partie civile peuvent la frapper d'appel (ils peuvent également former un pourvoi en cassation contre un arrêt dans le même sens de la chambre de l'instruction).

Il existe deux cas dans lesquels le juge doit prononcer un refus d'informer.

Le premier cas concerne l'hypothèse où les faits ne peuvent légalement comporter aucune poursuite, c'est-à-dire qu'il n'y a pas d'infraction car aucune qualification pénale ne peut être retenue. Des auteurs ont noté que ce refus d'informer ne peut être opposé qu'à des parties civiles car aucun parquet ne se lancerait dans des accusations non pertinentes[7].

6. *D.* 1881.2.33.
7. W. Jeandidier, *op. cit.*

Le second cas est celui de l'absence d'action publique, les faits n'étant plus (et non pas « pas » !) susceptibles de poursuites en raison d'une prescription, d'une amnistie, ou de la chose jugée.

Par ces exemples, on voit bien qu'il ne faut pas confondre refus d'informer et irrecevabilité ou incompétence : « Le refus d'informer suppose seul un obstacle infranchissable pour la répression[8]. » Dès lors, la chambre criminelle est particulièrement stricte quant au contrôle de ce concept.

La solution de principe posée par l'arrêt *Thirion*, *Placet* ou *Laurent-Atthalin*, tout en comportant des limites prévues par l'arrêt lui-même, a fait l'objet d'aménagements par la jurisprudence postérieure ainsi que par le législateur.

2- Un principe nécessairement aménagé

Si parfait soit-il, un principe ne peut rester à l'état brut, il doit faire l'objet de précisions quant à ses conditions d'application. Les aménagements apportés tantôt par la jurisprudence, tantôt par le législateur vont dans deux sens distincts : soit ils ont pour but de protéger les intérêts de la justice (A), soit ils ont pour objectif de protéger les intérêts de la victime (B).

A• Un aménagement en faveur des intérêts de la justice

La première suite de l'arrêt *Thirion* fut le célèbre arrêt *Bencker* du 28 mai 1925 aux termes duquel non seulement le juge d'instruction devait informer malgré les réquisitions contraires du parquet, mais encore devait-il le faire contre la personne même qui avait été visée dans la plainte. Cet arrêt, poussant à l'extrême la thèse libérale, eut de fâcheuses conséquences. On constata, en effet, un encombrement des cabinets d'instruction qui furent saisis de plaintes plus ou moins fondées : la constitution de partie civile devant le juge d'instruction devenait une arme redoutable de chantage entre les mains de personnes peu scrupuleuses pouvant faire inculper n'importe qui sans condition.

Cette décision réduisait l'indépendance du magistrat instructeur à l'égard de l'une des parties, la victime, et plus généralement sa liberté d'inculper ou non. En outre, la solution était d'autant plus critiquable que le juge d'instruction n'est jamais saisi *in rem* et *in personam*, mais seulement *in rem* ; il n'a donc jamais l'obligation d'inculper qui que ce soit sauf circonstances particulières résultant de textes récents.

8. W. Jeandidier, *op. cit.*

Le législateur se devait donc d'intervenir. Par la loi du 2 juillet 1931, il mit en place des mesures préventives et curatives afin d'éviter les inculpations infondées du fait de pseudo-victimes. Ainsi, aux termes de l'article 70 du Code d'instruction criminelle (ultérieurement repris par le Code de procédure pénale), si la plainte est insuffisamment motivée, le procureur peut requérir du juge d'instruction de n'entendre la personne visée que comme témoin. Dans ce cas, l'information se déroulera alors contre X, étant toutefois précisé que si la personne demande son inculpation, elle sera nécessairement entendue. La loi relative à la présomption d'innocence est venue modifier ce texte en décidant que le juge d'instruction peut alors entendre la personne visée dans la plainte comme témoin ou, si elle le demande, comme témoin assisté, ce qui lui permet d'être assisté d'un avocat sans pour autant être mise en examen. Par là, on évite le préjudice moral que le plaignant pouvait vouloir infliger à son adversaire. À signaler également que l'article 2 de la loi de 1931 interdisait de publier, avant toute décision judiciaire des indications quelconques relatives aux constitutions de parties civiles devant le juge d'instruction sous peine d'une amende (d'un montant maximal de 18 000 euros).

Les mesures indemnitaires posées par la loi de 1931 sont aujourd'hui contenues dans l'article 91 du Code de procédure pénale qui a été profondément remanié par la loi du 4 janvier 1993. Tel qu'il est actuellement rédigé, cet article organise deux actions de nature différente en cas de plainte téméraire, abusive ou dilatoire. Tout d'abord, aux termes de l'alinéa 1°, le ministère public peut introduire une action devant le tribunal correctionnel contre la partie civile afin que celle-ci soit condamnée à une amende civile de 15 000 euros maximum pour constitution de partie civile abusive ou dilatoire.

Ensuite, par application de l'alinéa 2, toute personne visée par la plainte avec constitution de partie civile ayant initié l'action publique, peut engager, dans le même délai, une action en dommages et intérêts.

De plus, l'alinéa 3 prévoit qu'à la demande de la personne visée dans la plainte, les débats auxquels donnent lieu les actions précitées, ont lieu en chambre du Conseil ; seul le jugement sera rendu en audience publique.

Enfin, ce jugement peut faire l'objet d'une publication aux frais du condamné.

En dehors de l'épisode *Bencker*, le législateur et le juge sont intervenus pour préciser les conditions d'application de la nouvelle règle.

Aux termes de l'article 88 du Code de procédure pénale, le juge d'instruction constate, par ordonnance, le dépôt de la plainte ; et en fonction des ressources de la partie civile, il fixe le montant de la consignation que celle-ci doit, si elle n'a pas obtenu l'aide juridictionnelle, déposer au greffe, ainsi que le délai dans lequel cette consignation devra être faite sous peine d'irrecevabilité de la plainte. On peut rappeler que, depuis 1993, cette consignation garantit le paiement de l'amende civile d'un maximum de 15 000 euros que le juge d'instruction peut prononcer quand il rend une ordonnance de non-lieu et s'il estime que la constitution de partie civile était abusive ou dilatoire (voir ce qui a été dit sur ce point lors de l'étude de la loi de 1931).

Il est vrai que l'arrêt de 1906 ne fait aucune référence à cette consignation comme condition de déclenchement de l'action publique, mais il semble que cela résulte seulement du fait que le plaignant avait consigné et donc qu'aucun problème ne se posait de ce chef[9].

Par conséquent, il faut déduire de l'article 88 précité que le seul dépôt de la plainte ne suffit pas à mettre en mouvement l'action publique, encore faut-il que cette plainte soit suivie du versement de la consignation. En d'autres termes, l'action publique n'est mise en mouvement qu'après ce versement (noter cependant que, selon la Cour de cassation, la consignation a pour seul effet de rendre recevable la plainte au regard de la mise en mouvement de l'action publique et ce n'est pas à sa date que doit s'apprécier la capacité de la personne s'étant portée partie civile ; cette appréciation s'effectue au jour du dépôt de la plainte)[10].

Par ailleurs, la chambre criminelle[11] a eu l'occasion de préciser qu'il n'est pas exigé que la prétendue victime apporte la preuve irréfutable de l'infraction dès la constitution de partie civile, il n'est pas non plus nécessaire qu'elle démontre de façon décisive l'existence et l'étendue du préjudice qu'elle a subi. Il suffit « que les circonstances sur lesquelles s'appuie la constitution de partie civile permettent au juge d'admettre comme possibles l'existence du préjudice allégué et la relation directe de celui-ci avec l'infraction ».

Cela ne signifie pas un trop grand libéralisme en ce sens qu'il ne suffit pas à la victime d'alléguer un préjudice, tout en ne lui imposant pas d'apporter la preuve de son dommage et du lien direct entre celui-ci et l'infraction au motif que tout ceci est du ressort du juge d'instruction (il s'agit de l'objet même de l'instruction préparatoire !).

Dernier problème récemment résolu par la jurisprudence : celui des plaintes additionnelles de la victime. L'hypothèse est la suivante. Une action publique est déclenchée par une plainte avec constitution de partie civile. Puis, ultérieurement, la même prétendue victime dépose plainte additionnelle visant d'autres faits. La question qui se pose alors est de savoir si le juge peut instruire sur cette plainte sans avoir reçu de réquisitoire supplétif du ministère public. Dans un arrêt

9. Cf. J. Pradel, A. Varinard, *op. cit.* p. 91.
10. Crim., 13 déc. 1983, *Bull. crim.* n° 114.
11. Crim., 6 octobre 1964, *Bull. crim.* n° 256.
12. *Bull. crim.* n° 348.

du 21 novembre 1972[12], la chambre criminelle répondit affirmativement, indiquant que « les juridictions d'instruction doivent statuer non seulement sur tous les chefs d'inculpation dénoncés dans la plainte avec constitution de partie civile, mais également sur ceux dénoncés dans une plainte additionnelle de cette partie, même en l'absence de réquisitoire supplétif ».

Une partie de la doctrine approuvait cette solution au motif que « la saisine du magistrat instructeur est déterminée par la victime[13] ».

D'autres auteurs, au contraire, rejetèrent cette position, notamment depuis la loi du 23 juin 1999. En effet, l'article 80, alinéa 4, du Code de procédure pénale, tel qu'issu de cette loi, précise que « lorsque de nouveaux faits sont dénoncés au juge d'instruction par la partie civile au cours de l'information, il est fait application des dispositions de l'alinéa qui précède », c'est-à-dire celles qui, justement, obligent le juge à communiquer la plainte au parquet afin d'obtenir des réquisitions supplétives. Dans son rapport, M. Mermaz faisait remarquer que la jurisprudence antérieure « contribuait à allonger les délais de procédure en obligeant le juge d'instruction à statuer sur ces faits nouveaux alors même qu'il pourrait être en mesure de clore rapidement l'information sur les faits visés dans la saisine initiale ». L'étude d'impact donne ici l'exemple d'un employeur accusant faussement de vol un employé licencié qui demande réparation aux prud'hommes et qui, voyant que l'instruction va se terminer par un non-lieu, signale d'autres infractions imaginaires au juge d'instruction pour retarder l'achèvement de la procédure[14]. La jurisprudence est donc aujourd'hui en ce sens puisque dans un arrêt du 26 septembre 2000[15], la chambre criminelle affirme expressément que, par application de la loi du 23 juin 1999, « une constitution de partie civile additionnelle dénonçant des faits nouveaux, ne saisit le juge d'instruction que si le procureur de la République requiert qu'il soit instruit sur ces faits ». On doit donc en conclure que cette plainte additionnelle doit donner lieu à sa communication par le juge au parquet qui décidera de la suite à donner, notamment par le biais d'un réquisitoire supplétif.

B• Un aménagement en faveur des intérêts de la victime

Enfin, on doit évoquer un dernier point relatif aux conditions de validité de la constitution de partie civile. Dans un arrêt du 9 janvier 1975[16], la chambre crimi-

13. Guinchard et Buisson.
14. *JOAN* n° 1328.
15. *Bull. crim.* n° 277.
16. *Bull. crim.* n° 8.

nelle décidait que la plainte avec constitution de partie civile est, en soi, inopérante pour déclencher l'action publique si elle n'est pas suivie de la consignation déjà évoquée. Toutefois, afin de ne pas pénaliser la victime qui se constituerait tardivement, elle décide que le dépôt d'une plainte avec constitution de partie civile interrompt la prescription de l'action publique à condition que la consignation ait été effectuée dans le délai imparti par le juge d'instruction [17], et d'ajouter que la prescription est suspendue de la date du dépôt de la plainte à la date du versement de la consignation [18].

17. Crim., 23 oct. 1979, *Bull. crim.* n° 293.
18. Crim., 7 sept. 1999, *Bull. crim.* n° 181.

Université
Sciences sociales (Toulouse I)

juin 2003 – second semestre

maître de conférences ayant donné le sujet et établi le corrigé
Catherine Ginestet

programme

Procédure pénale : action publique, action civile, organisation des juridictions et compétence judiciaire, instruction préparatoire, procédure d'audience et de jugement, voies de recours.

mots clés

action publique, prescription, interruption, suspension

sujet

Commenter l'arrêt suivant : Cass. crim., 5 mars 2002 (l'usage du Code de procédure pénale est autorisé).

Sur le premier moyen de cassation, pris de la violation des articles 6, 8, et 187 du Code de procédure pénale ;

Vu lesdits articles ;

Attendu que, d'une part, l'arrêt de la chambre de l'instruction statuant sur une requête en nullité de la procédure constitue un acte d'instruction ayant pour effet d'interrompre la prescription de l'action publique ;

Attendu que, d'autre part, la prescription de l'action publique est suspendue lorsque, par l'effet d'une ordonnance de président de la chambre de l'instruction prise en application de l'article 187 du Code de procédure pénale, le juge d'instruction se trouve dans l'impossibilité de poursuivre son information ;

Attendu qu'il résulte de l'arrêt attaqué que, dans l'information suivie contre lui pour menaces, faux, usage de faux et recel, R. B. a présenté une requête en annulation d'actes de la procédure ; qu'à la suite de cette requête, par ordonnance en date du 17 novembre 1994 prise en application de l'article 187 du Code de procédure pénale, le président de la chambre d'accusation a prescrit au juge d'instruction de suspendre son information ; que, par arrêt en date du 17 janvier 1995, faisant droit à la requête, la chambre d'accusation a annulé les actes de la procédure, au nombre desquels l'inculpation de l'intéressé, postérieurs à l'audition d'un témoin en date du 9 mai 1994 ; que, par un réquisitoire supplétif en date du 27 juin 1997, le procureur de la République a requis la poursuite de l'information et la mise en examen de R. B. ; qu'à l'issue de l'instruction, celui-ci a été renvoyé devant le tribunal correctionnel qui a retenu sa culpabilité ;

Attendu que pour faire droit à la demande du prévenu qui invoquait la prescription de l'action publique, et infirmer le jugement entrepris, la cour d'appel énonce qu'aucun acte de poursuite ou d'instruction n'a été accompli durant plus de trois ans, soit entre l'audition du 9 mai 1994 et le réquisitoire supplétif du 27 juin 1997 ; qu'elle ajoute que la décision de suspension de l'instruction prise par le président de la chambre d'accusation n'a pas eu pour effet de suspendre également le cours de la prescription ;

Mais attendu qu'en prononçant ainsi, alors que la prescription de l'action publique avait été interrompue par l'arrêt de la chambre d'accusation en date du 17 janvier 1995 et qu'elle avait été, au surplus, suspendue entre le 17 novembre 1994 et la date à laquelle l'arrêt précité est devenu définitif, le juge d'instruction se trouvant alors dans l'impossibilité d'accomplir un acte d'information en raison de l'obstacle de droit que constituait, pour ce magistrat, la décision prise en application de l'article 187 du Code de procédure pénale, la cour d'appel a méconnu les textes susvisés et les principes ci-dessus énoncés ;

D'où il suit que la cassation est encourue de ce chef ;

Sur le second moyen de cassation, pris de la violation de l'article 6 de la Convention européenne de sauvegarde des droits de l'homme ;

Vu ledit article, ensemble les articles 6 et 802 du Code de procédure pénale ;

Attendu qu'à la supposer établie, la durée excessive d'une information ne constitue ni une cause de nullité de la procédure, ni une cause d'extinction de l'action publique ;

Attendu que, pour infirmer le jugement entrepris, la cour d'appel retient, outre l'acquisition de la prescription, le caractère déraisonnable de la durée de la procédure ;

Mais attendu qu'en prononçant ainsi, la cour d'appel a méconnu les textes susvisés et le principe ci-dessus énoncé ;

D'où il suit que la cassation est également encourue de ce chef ;

Par ces motifs, CASSE et ANNULE en toutes ses dispositions, l'arrêt susvisé de la cour d'appel de Nancy, en date du 26 avril 2001, et pour qu'il soit à nouveau jugé, conformément à la loi, renvoie devant...

conseils

Pour traiter une question technique de procédure pénale, l'arrêt choisi n'en est pas moins clair, presque didactique. Il restait à l'étudiant à **expliquer les notions essentielles** et à **bâtir un plan cohérent.**

Quant au fond, l'explication a souvent tourné court, faute de **définition des concepts clefs** comme celle d'actes interruptifs ou suspensifs de prescription, ou de leurs effets ou même du mécanisme de la prescription. Le devoir se résume alors à un plagiat de la décision prétendument commentée. À l'inverse, certaines copies étaient théoriques et déclinaient par exemple toutes les causes d'extinction de l'action publique, ce qui constitue un hors-sujet.

Le **plan** a également fait problème. L'exercice retenu ici a le mérite de démontrer que la structure du devoir ne peut pas toujours se calquer sur les différents moyens de cassation. Les deux moyens présentés ne permettent pas de réaliser un plan équilibré. Il faut donc chercher l'élément, s'il y en a un, qui puisse rattacher les deux questions soulevées au même thème. C'est ici celui du temps dans la procédure pénale. Cela permet alors d'opter pour un plan qui ne soit pas trop artificiel, tout en commentant l'arrêt dans toutes les parties du devoir.

indications de correction

L'arrêt rendu par la chambre criminelle le 5 mars 2002 permet de mesurer les effets du temps sur la procédure pénale, singulièrement sur l'action publique. Si le Code de procédure pénale contient de fort nombreux délais légaux, l'un des effets le plus spectaculaire de l'écoulement du temps demeure la prescription de l'action publique, qui interdit définitivement toute poursuite.

En l'espèce, une information était ouverte pour menaces, faux, usage de faux et recel contre une personne dénommée. En réponse à sa requête en annulation d'actes, le président de la chambre d'accusation prescrit au juge d'instruction de suspendre son information le 17 novembre 1994. Le 17 janvier 1995, la chambre d'accusation annule les actes de la procédure postérieurs à l'audition du témoin du 9 mai 1994, dont l'inculpation de l'intéressé. Le procureur de la République requiert la poursuite de l'information et la mise en examen de cette même personne le 27 juin 1997. Renvoyé devant le tribunal correctionnel, le prévenu condamné interjette appel du jugement en invoquant la prescription de l'action publique. La cour d'appel infirme le jugement attaqué en considérant qu'aucun acte n'a été accompli depuis plus de trois ans. La Cour de cassation est saisie d'un pourvoi articulé autour de deux moyens, l'un fondé sur la prescription, l'autre sur la durée excessive de l'information.

Le problème juridique majeur posé par l'arrêt est donc de savoir si la prescription de l'action publique est acquise ou, au contraire, si des obstacles sont venus en perturber le cours. La durée excessive de l'instruction peut-elle par ailleurs constituer l'un de ces obstacles ?

Sur ces deux questions, la position de la chambre criminelle est claire et conforme aux textes. Elle affirme que seule la prescription peut perturber le cours de l'action publique, sauf à vérifier l'absence de causes de suspension ou d'interruption de la prescription qui permettrait de prolonger valablement les poursuites. En conséquence, les effets du temps sur l'action publique doivent d'abord être analysés (1–) pour mieux appréhender ensuite les événements perturbant la prescription de l'action publique (2–).

1– Les effets du temps sur l'action publique

Faisant une scrupuleuse application des textes, la chambre criminelle considère que si la prescription est une cause d'extinction de l'action publique (B), il n'en va pas de même de la durée excessive de la procédure (A).

A• Le rejet de la durée excessive de la procédure comme cause d'extinction de l'action publique

Selon la cour d'appel, la procédure ayant abouti à la condamnation du prévenu pour menaces, faux, usage de faux et recel, doit être annulée sur plusieurs fondements, dont « le caractère déraisonnable de la durée de la procédure ». Éviter les procès interminables est un souci que le législateur français partage avec les instances européennes. Il n'est que de se référer à l'article 6 de la Convention européenne des droits de l'homme pour s'en convaincre. L'exigence de durée raisonnable trouve un écho dans le Code de procédure pénale dès l'article préliminaire, de sorte que la solution de la cour d'appel peut sembler légitime. Pour autant qu'il soit possible d'en juger, les faits remontent il est vrai au début de l'année 1994 et la cour d'appel n'a rendu son arrêt qu'en avril 2001, soit sept ans après. Subjectivement en effet, le délai est important. Mais, l'appréciation doit se faire notamment selon la complexité de l'affaire et le comportement des autorités. La chambre criminelle quant à elle apprécie la situation par référence aux textes, conformément à l'article 6 de la convention européenne et aux dispositions du Code de procédure pénale. Si la durée des procédures importe, si de nombreux textes imposent des délais propres à assurer une justice rapide, si la France a été condamnée plusieurs fois pour le caractère déraisonnable de tel ou tel procès, il demeure que la durée excessive de la procédure n'est ni une cause de nullité (par référence à l'article 802 du Code de procédure pénale), ni une cause d'extinction de l'action publique (par référence à l'article 6 du Code de procédure pénale). La solution n'est pas nouvelle (cf. Cass. crim., 26 sept. 2001, *D.* 2002, p. 1462, obs. Pradel). N'y a-t-il donc aucune sanction à une telle lenteur ? Si, bien sûr, mais il faut la chercher ailleurs, dans l'indemnisation pour faute de service de la justice, sur le fondement de l'article 781-1 du Code de l'organisation judiciaire ou plus largement sur celui de l'article 41 de la Convention européenne des droits de l'homme.

Décompté de la sorte, le temps n'a pas de prise sur la procédure pénale, au contraire de la prescription de l'action publique.

B• La prescription de l'action publique

L'écoulement du temps, fixé par le législateur, a pour conséquence majeure d'interdire toute poursuite concernant les faits ou de l'interrompre, si elle avait débuté. Le délai légal varie en fonction de l'infraction : il est en principe de trois ans en matière de délit comme en l'espèce, dix ans en matière de crime et un an en matière de contravention. Le Code de procédure pénale se contente de prévoir le mécanisme, sans en préciser le fondement. Des considérations pratiques expliquent cependant le recours à la prescription ; le dépérissement des preuves et le fait qu'une répression tardive serait socialement inopportune.

La prescription est une cause générale d'extinction de l'action publique, qui s'applique donc en principe à toutes les infractions. C'est en outre une exception péremptoire et d'ordre public, de sorte que celui qui en bénéficie ne peut y renoncer, le juge devant au besoin la relever d'office. Ces caractères de la prescription ne doivent pas cacher qu'elle participe du sentiment d'injustice et qu'elle ne diminue en rien la dangerosité du délinquant. Ce simple constat permet peut-être d'expliquer l'hostilité très répandue de la jurisprudence face à ce mécanisme. La cour d'appel de Nancy décide au contraire, dans l'affaire qui a donné lieu à l'arrêt commenté, que la décision du président de la chambre de l'instruction a suspendu le cours de l'instruction sans avoir aucune influence sur le délai de prescription lui-même. Autrement dit, alors que le juge d'instruction ne pouvait valablement réaliser aucun acte d'instruction, le délai de trois ans continuait à courir. Il suffit alors aux juges du second degré de mettre en parallèle la date du 9 mai 1994 correspondant à la réalisation d'un acte d'instruction et celle du 27 juin 1997 à laquelle est pris le réquisitoire introductif pour constater que, à cette date, l'action est prescrite.

Ce raisonnement est sanctionné par la chambre criminelle dans la mesure où les juges du fond n'ont pas tenu compte des différents événements qui peuvent perturber le cours de la prescription.

2- Les événements perturbant la prescription de l'action publique

Le décompte du délai doit se faire non seulement en fonction des règles de computation, mais également en recherchant si des circonstances ou des actes particuliers n'ont pas interféré sur le cours de la prescription. Or, l'espèce permet d'analyser les actes suspensifs de prescription (A) et les actes interruptifs de prescription (B) qui par des mécanismes différents permettent de différer l'acquisition de la prescription.

A• Les actes suspensifs de prescription

La suspension du délai de prescription de l'action publique est prévue par quelques textes spécifiques, la jurisprudence généralise cependant la solution et lutte ainsi contre l'effet extinctif de la prescription de l'action publique. De ce point de vue, l'arrêt est intéressant car la chambre criminelle affirme, dans son second attendu de principe, que l'ordonnance du président de la chambre de l'instruction, prise sur le fondement de l'article 187 du Code de procédure pénale, suspend la prescription, le juge d'instruction se trouvant dans l'impossibilité de poursuivre son information. Elle considère donc que le juge d'instruction a été temporairement empêché, qu'il a été soumis à un obstacle de droit et que la prescription ne pouvait courir en vertu de la maxime *contra non valentem agere non currit praescriptio*.

La prescription a donc été suspendue du 17 novembre 1994 jusqu'à la date à laquelle l'arrêt de la chambre d'accusation est devenu définitif. L'arrêt de la cour d'appel se trouve donc censuré pour n'avoir pas pris en considération cet obstacle de droit. Il semble toutefois que la solution apportée ici soit nouvelle. Cette hypothèse vient compléter la liste des actes suspensifs de prescription, pour lesquels on distingue les obstacles de droit, tel que le pourvoi en cassation et les obstacles de fait, tel que les catastrophes naturelles.

Les effets de la suspension du délai de prescription de l'action publique, causée par un obstacle temporaire, ne doivent pas être négligés. Une fois l'empêchement levé, le délai reprend son cours à l'endroit même où il avait été suspendu. Si un an s'est écoulé avant la suspension, il restera deux ans à courir en matière délictuelle par exemple. Ainsi, de suspension en suspension, l'action publique n'est jamais acquise et les poursuites peuvent prospérer. Ce mécanisme est complété par celui de l'interruption avec lequel il ne doit pas être confondu.

B• Les actes interruptifs de prescription

La réalisation d'actes réguliers de poursuite et d'instruction permet par ailleurs d'interrompre le délai de prescription, conformément aux articles 7 et 8 du Code de procédure pénale. Mais là encore, la jurisprudence entend largement ces expressions et définit ces actes à partir d'un critère finaliste et non organique. L'acte de poursuite est celui qui permet de mettre en mouvement l'action publique, par le ministère public ou par la partie civile, et de l'exercer. L'acte d'instruction est celui qui permet de rechercher des preuves et de parvenir à la manifestation de la vérité.

La chambre criminelle considère ainsi, dans son premier attendu de principe, que l'arrêt de la chambre de l'instruction statuant sur une requête en nullité constitue un acte d'instruction. La solution ne fait pas de doute si l'on admet que « toutes les décisions qui émanent d'une juridiction sont interruptives de la prescription, quel que soit leur contenu » (Ph. Conte et P. Maistre du Chambon, *Procédure pénale*, Armand Colin, n° 167). Là encore, la cour d'appel n'a pas tenu compte de cet acte pour vérifier le respect du délai de prescription ; plus généralement, elle ne semblait retenir l'existence d'aucun acte interruptif.

Il est très important d'analyser la procédure cependant car les effets de l'interruption de prescription sont remarquables. Le temps déjà écoulé avant la survenance de l'acte de poursuite ou d'instruction est effacé et un nouveau délai, en principe de même durée, commence à courir. Par conséquent, le 17 janvier 1995, le délai de prescription de l'action publique était anéanti et un nouveau délai de trois ans commençait à courir dès le lendemain. Ainsi, d'acte interruptif en acte interruptif, la prescription n'est jamais acquise.

*

L'arrêt de la cour d'appel de Nancy était donc très critiquable pour ne pas avoir su apprécier les effets du temps sur l'action publique en particulier et sur plus largement sur l'ensemble de la procédure.

Université
Pau et Pays de l'Adour

mai 2003 – second semestre

professeur ayant donné le sujet et établi le corrigé
Valérie Malabat

programme

Procédure pénale : les principes généraux de la procédure pénale, l'organisation juridictionnelle répressive, le déroulement de la procédure (enquêtes policières, déclenchement des poursuites, instruction préparatoire, jugement, voies de recours).

mots clés

audition de témoin, dispositions légales relatives au mode d'administration des preuves, audition sous hypnose, droits de la défense

sujet

Commentez l'extrait suivant de l'arrêt rendu le 12 décembre 2000 par la chambre criminelle de la Cour de cassation :

Mais sur le cinquième moyen de cassation, pris de la violation des articles 81, 170 et 302 du Code de procédure pénale, 6.1 de la Convention européenne de sauvegarde des droits de l'homme et des libertés fondamentales, ensemble violation des droits de la défense :

« en ce que l'arrêt attaqué a rejeté la requête en nullité formée par Christian et Jean-François X... ;

« aux motifs que le juge d'instruction a commis M. Alban de Jong, hypnologue et sophrologue, expert non inscrit sur une liste mais spécialement désigné en raison de ses compétences et expériences particulières en ce domaine ayant pour origine sa participation à plusieurs missions d'expertises judiciaires, pour procéder à la mise sous hypnose de M. Dominique Z..., gendarme à la brigade motorisée de Dinan, en présence des enquêteurs de la section de recherches de Rennes chargés d'acter les déclarations du témoin ; que l'expert ainsi désigné a prêté serment, effectué ses opérations le jour fixé et déposé son rapport (tome III, cotes D 60 à D 62) ; que le témoin concerné a préalablement donné son accord ; que les gendarmes ont dressé procès-verbal de leurs opérations réalisées sur commission rogatoire (cotes D 99 à D 108) ; que l'hypnose n'est pas un procédé interdit mais représente actuellement une technique encore expérimentale à laquelle les chercheurs s'intéressent et qui fait l'objet d'études notamment par les médecins en matière d'anesthésie ; que le recours à cette méthode pour entendre un témoin afin de tenter d'activer sa mémoire sur un fait précis ne peut être considéré comme attentatoire à la personne que si elle est utilisée à son insu ; qu'en toute hypothèse, si l'efficacité d'une telle technique, mise en œuvre dans des conditions normales de forme, peut être discutée, l'audition ainsi réalisée n'est pas irrégulière et n'a pas eu pour effet de porter atteinte aux intérêts des mis en examen ;

« alors que l'audition d'un témoin sous hypnose élude les règles de procédure et compromet les droits de la défense, même si elle est pratiquée avec l'accord de l'intéressé » ;

Vu les articles 81, 101 à 109 du Code de procédure pénale ;

Attendu que, si le juge d'instruction peut procéder ou faire procéder à tous actes d'information utiles à la manifestation de la vérité, encore faut-il qu'il se conforme aux dispositions légales relatives au mode d'administration des preuves ;

Attendu qu'il résulte de l'arrêt attaqué et des pièces de la procédure que le juge d'instruction a fait procéder, sur commission rogatoire, à l'audition, par les gendarmes, d'un témoin qui a été placé, avec son consentement, sous hypnose par un expert désigné par ce magistrat ;

Attendu que, pour dire n'y avoir lieu à annulation, l'arrêt énonce que l'audition ainsi réalisée n'est pas irrégulière et qu'elle n'a pas eu pour effet de porter atteinte aux intérêts des personnes mises en examen ;

Mais attendu qu'en statuant ainsi, alors que la violation des dispositions légales relatives au mode d'administration des preuves compromet l'exercice des droits de la défense, la chambre d'accusation a méconnu le principe ci-dessus énoncé ;

D'où il suit que la cassation est encourue de ce chef ;

Par ces motifs :

CASSE ET ANNULE, l'arrêt susvisé de la chambre d'accusation de la cour d'appel de Rennes, en date du 18 mai 2000, en ce qu'il a rejeté la requête en annulation des actes de la procédure relatifs à l'audition sous hypnose du témoin Dominique Z..., toutes autres dispositions étant expressément maintenues ;

Et pour qu'il soit à nouveau jugé, conformément à la loi, dans les limites de la cassation ainsi prononcée :

RENVOIE la cause et les parties devant la chambre d'accusation de la cour d'appel d'Angers.

conseils

Le commentaire d'arrêt n'est pas un exercice facile du point de vue de la méthodologie. Il demande en effet de grandes capacités d'analyse (nombreux sont les étudiants qui passent à côté des points importants de la décision à commenter). De plus cet exercice implique de savoir **utiliser** ses connaissances pour **commenter** la décision rendue ce qui ne consiste pas à réciter le cours qui se rapporte au problème juridique.

indications de correction

L'introduction du commentaire d'arrêt doit retracer les faits de l'espèce, le déroulement de la procédure, les motifs de la décision attaquée, le moyen du pourvoi (lorsqu'il est mentionné) et surtout les motifs de la décision à commenter puisque ce sont ces derniers qui sont l'objet du commentaire. L'introduction doit également formuler le problème juridique, c'est-à-dire la question de droit qui se posait à la juridiction qui a rendu la décision donnée à commenter.

Dans cette décision, il était question pour la chambre criminelle de la Cour de cassation de se prononcer sur la régularité de l'audition d'un témoin placé sous hypnose.

La chambre criminelle de la Cour de cassation n'admet pas l'audition d'un témoin sous hypnose considérant que ce procédé est contraire au principe de légalité. Ce faisant, la chambre criminelle ne se situe pas sur le même plan que la chambre d'accusation qui avait admis ce procédé en considérant qu'il ne portait pas atteinte aux droits de la défense. Mais elle laisse un certain nombre de points obscurs en raison de la motivation laconique de son arrêt.

1– Sur la violation du principe de légalité

La chambre criminelle de la Cour de cassation censure l'arrêt de la chambre d'accusation qui a admis la régularité de l'audition d'un témoin sous hypnose au motif que le juge d'instruction doit se conformer « aux dispositions légales relatives au mode d'administration des preuves ». C'est rappeler clairement que le juge d'instruction dispose certes d'une liberté en tant qu'enquêteur (en application de l'article 81 du Code de procédure pénale visé par la décision) mais qu'en tant que magistrat il doit se conformer aux règles légales prévues pour l'administration des preuves, en l'espèce les articles 101 à 109 du Code de procédure pénale relatifs à l'audition d'un témoin également visés par la décision.

Sur ce point du respect des règles légales d'administration de la preuve, la décision de la chambre criminelle de la Cour de cassation est tout à fait classique.

En revanche, la Cour de cassation n'explique en rien en quoi l'audition d'un témoin sous hypnose contrevient aux articles 101 à 109 du Code de procédure pénale. Or, la question peut paraître importante dans la mesure où l'hypnose n'est ni autorisée ni interdite expressément par ces articles.

En principe, le témoin que le juge d'instruction fait citer doit prêter serment de dire la vérité (art. 103 C. proc. pén.). Or, ce serment n'aurait aucune valeur s'agissant d'une audition réalisée sous hypnose puisque la personne entendue dans ces conditions n'a, par définition, aucun contrôle sur les paroles qu'elle prononce. Le serment qui serait prêté avant une telle audition n'aurait donc aucune valeur.

Il est vrai que les mineurs de 16 ans sont entendus sans prestation de serment (art. 108 C. proc. pén.) mais, même dans cette hypothèse, l'audition sous hypnose ne semble pas respecter certaines des règles légales prévues aux articles 101 à 109.

L'article 106 du Code de procédure pénale exige en effet que le témoin relise sa déposition telle qu'elle a été transcrite dans le procès-verbal et qu'il la signe « s'il déclare y persister ». Il est là aussi évident que le témoin ne peut approuver ce qu'il n'a pas eu conscience de révéler.

Les articles 101 à 109 du Code de procédure pénale ne permettent donc effectivement pas de réaliser une audition sous hypnose. La censure de la chambre criminelle de la Cour de cassation apparaît donc justifiée de ce point de vue. Mais cette décision laisse de nombreuses questions sans réponses.

2- Sur les incertitudes laissées par cette décision

S'il est certain qu'une audition de témoin ne peut être réalisée sous hypnose, il n'est pas sûr toutefois que tout recours à l'hypnose soit automatiquement banni des modes de preuve.

On pourrait imaginer qu'une partie civile ou la personne poursuivie utilise des éléments de preuve obtenus sous hypnose. Ces éléments de preuve ne seraient sans doute pas rejetés, la chambre criminelle de la Cour de cassation admettant même que ces parties rapportent des preuves obtenues par la commission d'une infraction pénale (Cass. crim., 30 mars 1999, *Bull. crim.* n° 59).

La question peut surtout se poser du recours à l'hypnose, par le juge d'instruction, dans le cadre d'une expertise. Certains auteurs admettent cette possibilité (v. *D.* 2001, p. 1340, D. Mayer et J.-F. Chassaing, note sous cette décision). L'espèce est d'ailleurs ambiguë sur ce point puisqu'un hypnologue avait été désigné comme expert pour procéder à la mise sous hypnose du témoin entendu par les gendarmes.

Si l'hypnose devait être admise dans le cadre d'une expertise, elle devrait de plus satisfaire aux principes généraux relatifs à la preuve, point sur lequel la chambre criminelle ne s'est logiquement pas étendue puisqu'elle a raisonné en terme de légalité de la preuve.

Autrement dit, si l'hypnose était admise, respecterait-elle le principe de loyauté de la preuve et les droits de la défense ? La chambre d'accusation s'était placée sur ce terrain et avait considéré que l'audition sous hypnose d'un témoin qui y avait consenti ne portait pas atteinte aux intérêts des mis en examen. Il faut toutefois examiner davantage ces éléments.

Il est tout d'abord évident que l'on ne saurait procéder à une mise sous hypnose sans le consentement de l'intéressé (qu'il s'agisse d'un témoin, d'une partie civile ou de la personne poursuivie).

Mais le fait qu'il y consente suffit-il à considérer ce procédé de preuve comme loyal ? On peut en effet douter de la validité de ce consentement qui est donné pour le recours à l'hypnose mais qui n'est pas donné en connaissance de cause puisque, par définition, le contenu des paroles prononcées sous hypnose n'est pas connu à l'avance et ne peut être contrôlé par l'intéressé.

Le risque est ensuite qu'une trop grande crédibilité s'attache à ces paroles du seul fait qu'elles sont prononcées sans contrôle de leur auteur. Il est au contraire nécessaire que les paroles recueillies sous hypnose puissent être discutées et contestées sincèrement dans un débat contradictoire.

Proposition de plan

I. La violation des règles légales de preuve

A. L'obligation pour le juge d'instruction de respecter les règles légales d'administration des preuves

B. L'illégalité de l'audition sous hypnose

II. La place indéterminée de l'hypnose en procédure pénale française

A. L'éventuelle requalification du recours à l'hypnose

B. L'exigence de conformité aux principes généraux de la preuve

Université
Montpellier I

juin 2003 – second semestre

maître de conférences ayant donné le sujet et établi le corrigé
Marie-Christine Sordino

programme

Droit pénal général : la responsabilité pénale, la faute non intentionnelle.

mots clés

homicide et blessures involontaires, personne physique n'ayant pas causé directement le dommage, faute qualifiée

sujet

Commentez l'arrêt (extraits) de la chambre criminelle de la Cour de cassation, 10 décembre 2002 (rejet) (l'usage du Code pénal est autorisé) **:**

Statuant sur le pourvoi formé par :

X... Roger, partie civile,

contre l'arrêt de la cour d'appel de PARIS, 20e chambre, en date du 24 janvier 2002, qui l'a débouté de ses demandes après relaxe de Françoise Y... du chef d'homicide involontaire.

La COUR,

Sur le moyen unique de cassation, pris de la violation des articles 121-3, 221-6 du Code pénal, 592 et 593 du Code de procédure pénale ;

« en ce que l'arrêt attaqué a relaxé la prévenue du chef d'homicide involontaire et débouté les parties civiles de leurs demandes ;

« aux motifs que Françoise Y... n'a pas commis de faute caractérisée au sens de la loi du 10 juillet 2000 s'analysant comme un manquement caractérisé à des obligations professionnelles essentielles ou comme l'accumulation d'imprudences ou de négligences successives témoignant d'une impéritie prolongée [...] en étant de surcroît dans l'ignorance totale du risque que pouvait encourir l'enfant ; qu'elle n'a pas davantage violé de façon manifestement délibérée une obligation particulière de prudence ou de sécurité prévue par la loi ou le règlement ;

Attendu qu'il résulte de l'arrêt attaqué que Benjamin X..., 10 ans, élève d'une classe de CM2 confiée à Françoise Y..., institutrice, a quitté la classe entre 16 heures 10 et 16 heures 20, pour se rendre aux toilettes ; qu'à la fin du cours, à

16 heures 30, ses camarades l'ont découvert inanimé dans les toilettes, pendu à l'essuie-mains mural;

qu'il est décédé six jours plus tard à l'hôpital, sans avoir repris connaissance; que, par jugement du 14 juin 2000, le tribunal correctionnel a renvoyé Françoise Y... des fins de la poursuite et a débouté les parties civiles de leur demande, au motif qu'il n'est pas établi que la prévenue ait commis une faute de surveillance ayant un lien de causalité direct avec l'accident;

Attendu que, pour confirmer cette décision, les juges du second degré, après avoir relevé que l'enfant, qui avait souffert d'une occlusion intestinale, bénéficiait d'une permission de se rendre sans autorisation préalable aux toilettes pendant les cours, énoncent que l'institutrice, qui ignorait qu'il se livrait depuis peu au jeu dangereux dont il a été victime, n'a pas violé d'obligation particulière de prudence ou de sécurité prévue par la loi ou le règlement, les dispositions invoquées des lois du 18 septembre 1937 et du 10 juillet 1989 alors en vigueur ne prescrivant aucune obligation de cette nature, et qu'elle n'a pas commis de faute caractérisée exposant la victime à un risque qu'elle ne pouvait envisager;

Attendu qu'en l'état de ces seuls motifs procédant de son appréciation souveraine, la cour d'appel a justifié sa décision au regard des articles 121-3 et 221-6 du Code pénal;

REJETTE le pourvoi.

indications de correction

La décision à commenter ne comporte aucune difficulté en ce qui concerne la compréhension des faits de l'espèce. En revanche, cette situation factuelle simple donne naissance à un contentieux juridique complexe : le thème de l'arrêt concerne en effet l'existence de la faute pénale non intentionnelle, la définition de cette dernière ayant connu des évolutions législatives et jurisprudentielles nombreuses depuis l'entrée en vigueur du Code pénal en 1994.

Introduction

Les médias relatent depuis quelques années l'existence de nouveaux jeux dangereux, tels que celui dit du « foulard », auxquels se livrent des élèves pendant le temps scolaire. Les instituteurs et professeurs des collèges et lycées sont ainsi confrontés à une violence surprenante et souvent imprévisible de nature à mettre en cause leur responsabilité pénale en cas d'accident. L'arrêt de la Cour de cassation en date du 10 décembre 2002 en est une illustration.

Benjamin, 10 ans, autorisé pour des raisons médicales à se rendre aux toilettes pendant les cours, quitte sa classe de CM2 confiée à Mme Y, institutrice, à 16 h 10 avec l'accord de celle-ci. À la fin du cours, à 16 h 30, ses camarades le découvrent inanimé dans les toilettes, pendu à l'essuie-mains mural. Benjamin décède six jours après à l'hôpital, sans avoir repris connaissance.

Mme Y est poursuivie du chef d'homicide involontaire sur le fondement de l'article 221-6 du Code pénal. Le tribunal correctionnel la relaxe le 14 juin 2000, car l'existence d'une faute de surveillance ayant un lien de causalité direct avec l'accident n'est pas démontrée. La cour d'appel de Paris confirme le jugement le 24 janvier 2002. Elle considère que l'institutrice, ne connaissant pas le jeu dangereux auquel se livrait l'enfant, n'a commis ni violation d'une obligation particulière de prudence ou de sécurité, ni faute caractérisée. La partie civile forme un pourvoi en cassation. Le 10 décembre 2002, la chambre criminelle de la Cour de cassation rejette le pourvoi, estimant que la cour d'appel a justifié sa décision. La Haute Juridiction doit se prononcer sur la question de savoir si, en cas de décès accidentel d'un élève pendant les heures de cours, la responsabilité pénale de l'institutrice peut être recherchée. Elle répond que « l'enfant, qui avait souffert d'une occlusion intestinale, bénéficiait d'une permission de se rendre sans autorisation préalable aux toilettes pendant les cours ». En conséquence, « l'institutrice, qui ignorait qu'il se livrait depuis peu au jeu dangereux dont il a été victime, n'a pas violé d'obligation particulière de prudence ou de sécurité prévue par la loi ou le règlement, les dispositions invoquées des lois du 18 septembre 1937 et du 10 juillet 1989 alors en vigueur ne prescrivant aucune obligation de cette nature, et qu'elle n'a pas commis de faute caractérisée exposant la victime à un risque qu'elle ne pouvait envisager ».

La décision de la Cour de cassation apporte par là une intéressante contribution à l'étude des comportements des enseignants susceptibles d'engager leur responsabilité pénale pour faute non intentionnelle après l'entrée en vigueur de la loi du 10 juillet 2000. La solution, qui s'appuie sur l'appréciation souveraine des juges du fond, rappelle d'abord la nécessité d'une faute qualifiée en cas de causalité indirecte (1–), puis conclut à la démonstration de l'absence de ladite faute (2–).

1– La nécessité d'une faute qualifiée en cas de causalité indirecte

Les faits ont pris place antérieurement à l'entrée en vigueur de la loi du 10 juillet 2000. Or, en l'espèce, l'affirmation d'une causalité indirecte (B) est la conséquence de l'application de la loi du 10 juillet 2000 (A).

A• L'application de la loi du 10 juillet 2000

1. Une infraction non intentionnelle

Dans l'affaire commentée, le décès de Benjamin pose la question de la faute pénale non intentionnelle de l'institutrice, visée par l'article 121-3, alinéas 2, 3 et 4, du Code pénal. L'élément moral du délit non intentionnel est une faute détachée de l'intention, c'est-à-dire de la recherche du résultat incriminé par le texte. L'agent adopte un comportement qui ne respecte pas les valeurs sociales protégées, sans prévoir qu'un résultat risque de se produire du fait de ses actes.

2. Le respect du principe de rétroactivité *in mitius*

Au soutien de son pourvoi en cassation, la partie civile prétend qu'il y a eu violation de l'article 121-3 du Code pénal. Ce texte a connu deux réformes importantes depuis l'entrée en vigueur du Code pénal en 1994, à savoir d'abord la loi n° 96-393 du 13 mai 1996 et ensuite la loi n° 2000-647 du 10 juillet 2000.

En l'espèce, la mort de l'enfant est antérieure à l'entrée en vigueur de ce dernier texte. En effet, le jugement du tribunal correctionnel est rendu le 14 juin 2000. La loi du 10 juillet 2000 est entrée en vigueur en cours d'instance, puisque les juges du second degré se sont prononcés le 24 janvier 2002. Elle contient des dispositions moins sévères que celles des anciens textes. En conséquence, son application s'impose aux affaires non définitivement jugées en vertu du principe de rétroactivité *in mitius* (ce qui a donné lieu au réexamen de nombreux dossiers, v. notamment Cass. crim., 12 déc. 2000, *Gaz. Pal.* 22-23 déc. 2000, note S. Petit, à propos de l'affaire dite du « Drac »). Il est donc tout à fait logique que le comportement de Mme Y ait été apprécié au regard de la nouvelle rédaction de l'article 121-3 du Code pénal.

B• L'affirmation d'une causalité indirecte

1. Les thèses en présence

Dans l'affaire commentée, l'institutrice a laissé Benjamin se rendre seul aux toilettes avant la fin du cours. En conséquence, est-elle l'auteur direct de l'homicide involontaire ?

Cette interrogation découle de l'application à l'espèce de la loi du 10 juillet 2000. Le texte modifie la manière dont il faut tenir compte de la causalité pour apprécier la responsabilité pénale des personnes physiques. S'il est évident que le dommage est uni à la faute par un lien de causalité, encore convient-il de le caractériser.

La jurisprudence de la chambre criminelle de la Cour de cassation opte depuis un arrêt de principe du 18 novembre 1927 (*S.* 1928, I, p. 192) pour la théorie dite de l'équivalence des conditions. La faute pénale la plus légère permet d'engager la responsabilité pénale du prévenu, quand bien même elle ne serait pas la cause exclusive, directe et immédiate du dommage, à partir du moment où elle est certaine. Toutes les fautes ayant contribué à la production du dommage peuvent engendrer une responsabilité pénale non intentionnelle. La thèse de l'équivalence des conditions s'oppose à la théorie de la causalité adéquate, qui laisse au juge le soin de sélectionner parmi tous les événements qui ont contribué à la réalisation du dommage, celui dont le lien de causalité avec ce dernier est le plus direct et mérite d'être retenu pour fonder la responsabilité. Cette thèse a plutôt les faveurs du droit civil.

2. Le rejet du caractère direct

La loi du 10 juillet 2000 ajoute un 4e alinéa à l'article 121-3 du Code pénal qui dispose que lorsqu'une personne physique cause indirectement un dommage, sa responsabilité pénale ne peut être engagée que dans le cas où elle a commis une faute qualifiée, c'est-à-dire plus grave que la faute simple. Une interprétation *a contrario* de ce texte indique qu'en cas de lien de causalité indirect, la faute simple est dépénalisée. Seule sa responsabilité civile peut être recherchée, à certaines conditions. En revanche, si le lien de causalité est direct, la faute simple permet d'établir la responsabilité pénale de l'individu.

En conséquence, au lieu de s'intéresser d'abord à la faute, puis au lien de causalité qui l'unit au dommage, le juge doit dorénavant inverser la démarche, c'est-à-dire examiner en premier lieu le lien de causalité et ensuite tenir compte de la faute. La causalité est ainsi qualifiée d'indirecte lorsque l'individu a créé ou contribué à créer la situation qui a permis la réalisation du dommage (notion d'auteur indirect) ou lorsqu'il n'a pas pris les mesures permettant de l'éviter (notion d'auteur médiat).

En l'espèce, le tribunal correctionnel relève que l'enfant avait obtenu la permission de se rendre aux toilettes sans autorisation et sans accompagnement car il venait de souffrir d'une occlusion intestinale. Aussi, a-t-il justement relevé que l'institutrice n'avait pas commis de faute de surveillance en ne lui interdisant pas de quitter la classe pendant son cours. Aucune relation directe ne peut être établie avec l'accident qui s'est produit dans les toilettes et qui a entraîné le décès. Dès lors, c'est bien sur le terrain de la causalité indirecte qu'il convient de se placer et, d'ailleurs, les juges du second degré et la Cour de cassation ne reviennent pas sur la discussion de cet élément, le considérant comme acquis. En conséquence, le débat se déplace sur la démonstration de la faute qualifiée.

2– La démonstration de l'absence de faute qualifiée

La Cour de cassation, en rejetant le pourvoi, procède à l'approbation du raisonnement des juges du fond (A) et il convient d'en examiner les conséquences (B).

A• L'approbation du raisonnement des juges du fond

1. L'absence de violation manifestement délibérée d'une obligation

Aux termes de l'article 121-3, alinéa 4, du Code pénal, en cas de causalité indirecte, la responsabilité pénale d'une personne physique peut être recherchée si elle a « violé de façon manifestement délibérée une obligation particulière de prudence ou de sécurité prévue par la loi ou le règlement (envisagé au sens constitutionnel du terme) ».

Deux éléments méritent attention dans le raisonnement de la cour d'appel.

D'abord, l'obligation doit être particulière, ce qui l'oppose à l'obligation générale de prudence figurant notamment aux articles 1382 et suivants du Code civil. Ainsi, l'obligation présente un caractère particulier lorsqu'elle impose « un modèle de conduite circonstanciée ». C'est le contenu de l'obligation qu'il convient d'examiner, sans se fier à l'intitulé général de la disposition qui la contient (en dernier lieu, Cass. crim., 17 sept. 2002, *Dr. pén.* 2003, comm. n° 19, obs. M. Véron). En l'espèce, les juges du fond relèvent que les textes d'orientation sur l'éducation, à savoir les lois des 18 septembre 1937 et 10 juillet 1989 ne prescrivent « aucune obligation de cette nature ».

Ensuite, la violation de l'obligation doit être manifestement délibérée. Pour la démontrer, les juges se fondent le plus souvent sur un faisceau d'indices. Dans l'affaire commentée, la cour d'appel souligne le fait que Benjamin avait l'autorisation de quitter sa classe pour des raisons de santé et que l'institutrice « ignorait qu'il se livrait depuis peu au jeu dangereux dont il a été victime ». La facette morale de la faute n'est ainsi pas constituée.

2. L'absence de faute caractérisée

Mme Y a-t-elle « commis une faute caractérisée et qui exposait autrui à un risque d'une particulière gravité » qu'elle ne pouvait ignorer ?

Il s'agit d'une faute grave, puisque l'agent « ne pouvait ignorer » cette « particulière gravité ». Cette faute ne correspond à aucune catégorie juridique connue. Le sens de l'adjectif caractérisé n'est pas clair *a priori*. Il semble désigner une faute évidente et de nature à engendrer le risque qui s'est réalisé aussi bien qu'une faute présentant un certain degré de gravité. La jurisprudence l'a définie comme « l'accumulation d'imprudences et de négligences successives témoignant d'une impéritie prolongée » (CA Lyon, 28 juin 2001, *D.* 2001, IR, p. 2562) et préconise une appréciation *in concreto* (Cass. crim., 18 juin 2002, *Bull. crim.*, n° 138). Cependant, des ambiguïtés demeurent quant à sa définition.

En l'espèce, il est certain que les enseignants sont désormais informés des jeux violents pratiqués par leurs élèves. Les chefs d'établissement les sensibilisent à ces questions et la presse s'en fait souvent l'écho. Mais, dans le cas de Benjamin, l'institutrice était fondée à penser que son état de santé nécessitait de fréquents déplacements aux toilettes et ce, d'autant plus qu'il avait obtenu l'autorisation de s'y rendre pendant les cours. La cour d'appel affirme donc qu'elle n'a pas commis de faute caractérisée sans expliciter davantage sa motivation et la Cour de cassation reprend sa formulation (on peut remarquer que la cour évoque un risque que la prévenue ne pouvait « envisager » alors que l'article 121-3 du Code pénal vise un risque qu'elle ne pouvait « ignorer »). Aucune définition de la faute caractérisée n'apparaît ainsi dans la décision.

B• Les conséquences

1. Le sort de l'institutrice

L'absence de faute qualifiée entraîne la relaxe de l'institutrice sur le plan pénal. Sur le terrain civil toutefois, il convient de noter l'existence de l'article 4-1 du Code de procédure pénale, issu de la loi du 10 juillet 2000 aux termes duquel « l'absence de faute pénale non intentionnelle au sens de l'article 121-3 du Code pénal ne fait pas obstacle à l'exercice d'une action devant les juridictions civiles afin d'obtenir la réparation d'un dommage sur le fondement de l'article 1383 du Code civil si l'existence de la faute civile prévue par cet article est établie ».

2. La portée de l'arrêt

La portée de l'arrêt (qui est un arrêt de rejet) est à nuancer. D'une part, en droit, la Cour de cassation n'innove pas réellement car sa décision se situe dans une tendance jurisprudentielle déjà amorcée. D'autre part, en opportunité, cette solution paraît justifiée, l'institutrice ne pouvant à l'évidence se douter dans ce cas précis que son élève se livrait à un jeu dangereux. De ce point de vue, la décision de la Cour est de nature à rassurer les enseignants et responsables pédagogiques inquiets face aux risques de mise en cause de leur responsabilité pénale.

L'étude de cas, la consultation

Ces deux formes d'exercice se différencient des précédentes en ce qu'elles sont « pratiques ». La démonstration n'est pas exigée pour elle-même, dans un but purement académique, mais pour **dégager une solution concrète à un problème particulier**. À partir de connaissances théoriques, il faut élaborer une réflexion personnelle et appliquée aux circonstances factuelles données. La consultation n'étant qu'une variante du cas pratique, les conseils seront sensiblement les mêmes pour les deux exercices.

1– Nature de l'épreuve

Le cas pratique est souvent considéré par l'étudiant comme l'exercice le moins redoutable, pour lequel il se sent le mieux armé. S'il est incontestable que l'énoncé d'une épreuve pratique est généralement plus intelligible qu'un arrêt, il n'en demeure pas moins que l'étudiant doit se livrer à une double recherche. Il doit tout d'abord **déceler les questions de droit** soulevées par l'espèce pour dégager ensuite les éléments de réponse correspondants et donner une solution concrète au cas pratique. De ce point de vue, le commentaire d'arrêt est plus aisé dans la mesure où la décision contient en elle-même la matière à développer. Ici, l'énoncé ne rapporte que des faits bruts, qu'il va falloir traduire en terme juridique. Il sera primordial de ne pas se tromper de qualification, point de départ de tout le raisonnement qui mènera à la solution.

La consultation procède fondamentalement du même esprit, à ceci près qu'elle sera plus libre en la forme. L'étudiant devra jouer un rôle précis, en général celui du conseil d'une partie, pour donner un avis personnel et éclairé à son client.

Les **trois travers classiques** qui expliquent la faiblesse de la majorité des copies sont les suivants :

– certains font un devoir exclusivement théorique ou presque. Ayant ainsi décelé une ou plusieurs questions, ils se contentent de réciter le cours de manière plus ou moins complète. Or, le cas pratique ne peut jamais servir de prétexte à disserter sur un sujet, sa finalité n'étant pas de mener une réflexion abstraite. Lorsqu'il est mis de côté, ou ce qui revient au même, quand il est abordé à titre d'exemple ou entre parenthèses, le correcteur considérera que le sujet n'est pas traité ;

– d'aucuns soulèvent les questions juridiques, trouvent parfois même les solutions, mais n'expliquent rien. Le résultat n'est toujours pas atteint car le but de l'exercice est de **donner une solution argumentée**. Le raisonnement fait partie intégrante de l'épreuve et doit figurer en bonne place dans la copie ; il n'est pas question d'en faire l'économie puisqu'il justifie la solution retenue. Imagine-t-on un arrêt ou un jugement réduit au dispositif, passant les motifs sous silence ? La motivation est tout aussi indispensable dans vos copies ;

– d'autres enfin ne donnent pas de solution concrète à l'espèce, tout en démontrant par ailleurs certaines connaissances. S'il s'agit d'un défaut mineur, il n'en sera pas moins sanctionné. Après avoir posé les problèmes juridiques, rappelé les principes, les exceptions, le contexte jurisprudentiel, soit l'étudiant n'ose pas affirmer une solution et se retranche timidement derrière « le pouvoir souverain des juges du fond », soit il ne choisit pas entre plusieurs solutions envisageables. Il faudra alors considérer que le devoir est inachevé, que l'étudiant n'est pas allé jusqu'au bout de son raisonnement. En tout état de cause, rappeler les pouvoirs du juge est judicieux, mais cela ne dispense pas de rechercher quel parti il aurait pris dans telle affaire. Cela revient en définitive à jouer le rôle du juge ou du tribunal.

2– Conseils méthodologiques

Il est important de ne pas griller les étapes pour réussir son devoir, tout en ne perdant pas un temps précieux. Il est essentiel enfin de ne pas se tromper d'exercice, l'épreuve est « pratique », faut-il le répéter ?

A• Lecture du sujet

La délimitation de la matière est contenue dans l'énoncé du cas pratique. Les faits doivent en outre être tenus pour exacts (les suppositions sont à bannir) et si aucune précision temporelle n'est donnée, ils sont censés se dérouler au jour de l'examen. Il faut par conséquent lire très attentivement le cas pratique, plusieurs fois s'il le faut, pour l'exploiter comme il se doit.

Chaque lecture aura un but bien précis. La première sert à **découvrir le sujet dans son ensemble** car le cas pratique est un tout, les questions pouvant être liées et dépendre les unes des autres. Elle permet de dégager la chronologie des faits et de repérer les questions à traiter en prenant garde toutefois de ne pas se lancer à corps perdu dans un thème connu ou au contraire à écarter trop vite un aspect de l'affaire qui peut s'avérer important. La seconde lecture est plus active encore, elle vise à **séparer les faits pertinents des éléments anecdotiques** dont le seul but est de souligner le réalisme du propos sans intervenir dans la discussion juridique. Ainsi, les dates utilisées dans l'énoncé ne seront pas reprises, sauf si elles sont indispensables au raisonnement comme en matière d'application de la loi dans le temps ou de calcul du délai de prescription de l'action publique par exemple. La troisième lecture consiste à **donner** une signification précise aux faits, **une qualification juridique exacte**. Si l'énoncé précise que la société anonyme Naturplus déverse des produits chimiques dans une rivière et qu'une association de riverains souhaite saisir les tribunaux, il s'agit alors d'étudier les conditions de la responsabilité pénale d'une personne morale, de choisir l'infraction à poursuivre et de vérifier si l'association en question peut se constituer partie civile par exemple.

Un soin tout particulier sera pris à noter au brouillon les éléments importants et à traduire en termes juridiques les faits ainsi résumés. Une fois ce travail accompli, ne pas abandonner pour autant le sujet, il sera nécessaire d'y revenir aux fins de vérification ou de complément d'information.

B• Recherche de la matière

Après avoir ciblé les grands thèmes qui doivent être abordés dans le devoir, il faut cerner plus précisément l'objet des développements à venir. Pour reprendre l'exemple précité, il n'est pas question de réciter tout ce que l'on sait sur la responsabilité pénale des personnes morales ou sur la constitution de partie civile, le temps limité de l'épreuve n'y suffirait d'ailleurs pas. L'approche doit être réfléchie et faire ressortir les éléments saillants du cas. Pour être judicieux, le choix des questions à traiter doit épouser parfaitement les difficultés soulevées par l'énoncé.

Si, dans telle situation donnée, il apparaît clairement que les faits sont susceptibles de provoquer l'irresponsabilité de la personne physique, l'on se gardera de passer en revue et dans le détail toutes les causes d'irresponsabilité pénale. Le devoir présenterait alors le double défaut de contenir des développements hors sujet, tout en étant superficiel sur l'essentiel. Dès lors, il faut écarter d'emblée les qualifications manifestement inopportunes en justifiant l'exclusion par l'exposé rapide de l'objection majeure. Ainsi, la légitime défense ne peut être envisagée sans une agression préalable inexistante en l'espèce. De sorte qu'il est maladroit de décrire par le menu ce fait justificatif, pour reconnaître en fin de paragraphe qu'il ne peut être retenu. Inconsciemment, le cas pratique est alors pris pour prétexte à réciter le cours et le devoir rate son but.

Si au contraire une hésitation est permise entre deux qualifications proches, comme la contrainte ou l'état de nécessité, une analyse plus poussée de chaque condition est alors exigée pour choisir entre elles. Ces hésitations doivent alors figurer dans le devoir avant de choisir la solution appropriée.

Chaque fois que cela est possible, l'étudiant doit enfin **rapprocher les faits relatés de décisions de justice importantes** citées en cours, en travaux dirigés ou découvertes lors de lectures personnelles. Cette démarche est toujours appréciée du correcteur. Elle présente l'avantage de mieux traiter le cas pratique, souvent directement inspiré par tel ou tel arrêt. De sorte que le devoir s'enrichira du parallèle et permettra de confirmer la solution proposée. Il est donc tout à fait conseillé de consacrer quelques lignes à l'arrêt (en indiquant la juridiction, la date, le problème juridique et la solution ; le rappel des faits est ici superflu).

En tout état de cause, il faut toujours expliquer pourquoi telle solution est retenue au contraire de telle autre. Les tergiversations stériles et les faux-fuyants seront portés au passif de la copie. Il faut prendre parti.

C• Construction du devoir

La construction dépend très largement de la forme de l'énoncé, elle-même fonction de la durée de l'épreuve (1 h 30 ou 3 heures). En effet, l'épreuve pratique peut revêtir trois formes.

1. Le cas pratique à questions multiples

C'est la version la plus simple du cas pratique. Après avoir relaté les faits, l'auteur du sujet pose clairement plusieurs questions qui sont disséminées dans le texte ou regroupées en fin d'énoncé. Quant à la forme, le devoir ne présente alors aucune difficulté puisque le candidat doit répondre aux questions qu'il n'a pas à rechercher. C'est la seule hypothèse dans laquelle un plan classique ne sera pas nécessairement exigé. La rédaction, d'autant plus soignée, répondra néanmoins aux canons communs à toute épreuve pratique (cf. *infra*).

2. Le cas pratique sans question précise, dit « ouvert »

C'est le vrai cas pratique dans lequel les questions ne sont pas même suggérées. Une formule générale peut être utilisée en fin de texte : « vous exposerez les conséquences juridiques de cette situation ». L'exercice est alors bien plus périlleux et la structure plus exigeante. Le plan est dicté par les questions soulevées mais ne doit pas tomber dans le catalogue. Un effort de réflexion et de synthèse doit se matérialiser dans un plan en deux parties, deux sous-parties, précédé d'une introduction. Les trois parties sont parfois envisageables au gré de l'affaire. La conclusion est toujours facultative dans la mesure où elle ne peut que rappeler la solution, l'exposé n'ayant pas été théorique.

3. La consultation

Variante du cas pratique, elle poursuit les mêmes buts de recherche des questions et des solutions sans être aussi exigeante sur la forme. Le plan classique n'est pas obligatoire, surtout s'il vous est demandé de rédiger une lettre par exemple. L'exercice peut ainsi s'avérer déroutant justement par sa liberté de structure. La rédaction sera alors le morceau de bravoure. Les développements devront pourtant être ordonnés : traitez les questions les unes après les autres sans revenir inlassablement sur les mêmes points. Les répétitions finissent par lasser le lecteur.

D• La rédaction

Toutes les étapes de la rédaction doivent être soignées. De la qualité des notes prises au brouillon dépendent largement la précision et la rapidité de la rédaction. Chaque point du raisonnement doit y être précisé, l'effort de rédaction se concentrant alors sur l'unique formulation de l'idée. La seule partie qui peut être rédigée au brouillon est l'introduction.

Pour ce qui est des conseils généraux de rédaction (longueur des phrases, mot de liaison…), se reporter à ce qui est dit pour la dissertation.

1. L'introduction

Elle est moins longue et moins formaliste que pour un sujet théorique, elle est cependant indispensable. Au choix de l'étudiant, elle débutera par une **phrase d'attaque** (ayant un lien avec la question) ou faute de mieux, directement par le **résumé des faits** ne mentionnant que les éléments pertinents. Le correcteur déplore trop souvent un copiage sans intérêt de l'intégralité de l'énoncé, débouchant de façon abrupte sur un plan artificiel, sans lien avec ce qui précède ni souvent avec ce qui suit. L'effet est désastreux. Le rappel des faits doit permettre de rétablir la chronologie des événements et de dégager les questions juridiques, c'est-à-dire d'annoncer par là même le **plan du devoir**.

2. Le corps du devoir

Les intitulés des parties doivent correspondre exactement au plan annoncé en fin d'introduction. Ils doivent être synthétiques et révéler la nature de la difficulté à développer. Ils sont suivis d'un chapeau de quelques lignes dont l'unique fonction est d'annoncer les sous-parties. Il serait maladroit d'y insérer un développement, ce qui traduirait en outre une faille de la structure. Les transitions ménagent le passage d'une sous-partie à une autre. Chapeaux et transitions sont donc les maillons indispensables du raisonnement et ne doivent pas être sacrifiés par facilité ou par gain de temps, sous peine de dérouter le lecteur.

Les **développements** en eux-mêmes doivent comporter un **dosage équilibré de théorie et de pratique**. À l'intérieur des parties, la clarté, la précision et la rigueur sont de règles. Les solutions doivent toujours être fondées (référence à des principes, à des règles, à des articles des codes) et les idées ordonnées selon un principe simple. Il faut souligner l'élément pertinent (*par exemple, M. Durand a fourni les plans d'une banque à un ami qui s'est emparé du contenu du coffre*), le rapprocher des règles juridiques appropriées (la complicité par instructions) et opérer par déduction (*M. Durand sera poursuivi en qualité de complice d'un vol*). La démonstration sera convaincante lorsque tous les éléments déterminants de l'espèce seront ainsi exploités. Au cas de mise en danger d'autrui, par exemple, le comportement de l'auteur doit être analysé, mais aussi l'existence du danger de mort qui sera déduite des faits (*rouler à vive allure, à midi, à proximité d'un établissement scolaire permet de dire qu'il y a véritablement danger de mort ou de blessure grave*). Sachez donc décrypter les faits bruts qui peuvent de prime abord paraître anodins (d'où la nécessité de plusieurs lectures de l'énoncé).

Il ne saurait être question de faire un exposé théorique, en rappelant par exemple les termes exacts d'une incrimination ou les conditions de la complicité, pour préciser en guise d'explication conclusive que « ces conditions se retrouvent dans le cas pratique » ou que « c'est le cas en l'espèce ».

Vous procédez alors par affirmation, non par démonstration. Vous n'élaborez aucun raisonnement.

3. La conclusion

Elle n'a pas la même fonction que dans un devoir théorique. Son but sera simplement de rappeler éventuellement en deux ou trois lignes les solutions dégagées et peut-être à donner un conseil. Il ne peut pas y avoir d'ouverture vers une autre question puisque le propos était circonstancié.

Une **relecture attentive** du devoir est conseillée qui permettra de corriger à la fois la forme et le fond. Remplacer les mots effacés, corriger les fautes d'orthographe, veiller à n'avoir rien oublié par rapport aux idées notées sur le brouillon et vérifier la cohérence de la démonstration sont des opérations indispensables. Il faut essayer d'avoir un dernier **regard critique** sur sa copie.

Université
Centre universitaire Champollion
(Albi)

janvier 2003 – premier semestre

maître de conférences ayant donné le sujet et établi le corrigé
Dominique Fiorina

avec le concours de
Marie-Cécile Nierengarten
allocataire-moniteur

programme

Droit pénal général.

mots clés

auteur, auteur matériel, auteur intellectuel, complicité, irresponsabilité pénale, contrainte, commandement de l'autorité légitime

sujet

Le lieutenant Smet, appartenant aux Forces spéciales des armées de son pays, est chargé, par son supérieur hiérarchique, le général Mader, d'une mission de sabotage.

Cette mission consiste à faire sauter un pont, gardé par un commando ennemi, pour protéger la retraite des troupes commandées par le général Mader. Le lieutenant Smet sait qu'il doit absolument réussir. Le général Mader l'en a spécialement informé : « Vous devez absolument faire sauter ce pont ! Vous en répondez sur votre vie ! Et ne faites pas de prisonniers ! »

L'importance des opérations à conduire amène le lieutenant Smet à recruter, sur place, des civils. Il y parvient sans peine, grâce à leur patriotisme fervent : ils sont conscients de contribuer ainsi à la défense de leur pays.

Au milieu de la nuit, les membres du commando ennemi font irruption ; après un bref échange d'armes automatiques, ils sont faits prisonniers. Le lieutenant Smet, après avoir ordonné aux civils de les immobiliser, les passe par les armes...

Malgré ses hauts faits, l'armée du lieutenant Smet perd la guerre... Poursuivi pour homicide, il se retrouve, avec le général Mader, et quelques-uns des civils, sur le banc des accusés que les vainqueurs ont installé pour eux...

Vous assurez l'instruction de ce procès, à charge et à décharge.

indications de correction

La mission de sabotage et l'exécution des prisonniers ont nécessité le concours de plusieurs personnes : le général Mader, le lieutenant Smet, et les civils, recrutés sur place. Or, en vertu de l'article 121-1 du Code pénal, « nul n'est responsable pénalement que de son propre fait ». C'est dire que la responsabilité pénale est une responsabilité personnelle, individuelle qui exclut, à la fois, la responsabilité du fait d'autrui et la responsabilité collective.

Il convient donc de déterminer la condition juridique de chacun des acteurs de cette mission, afin de pouvoir définir sa responsabilité pénale.

La condition juridique des différents protagonistes des faits incriminés est essentiellement fonction, d'une part, de leur **rapport de participation à l'infraction** (1–) et, d'autre part, des **causes d'irresponsabilité pénale** qu'ils pourront invoquer (2–).

1– Le rapport de participation à l'infraction

Le rapport de participation à l'infraction permet, schématiquement, de distinguer les premiers rôles des « seconds couteaux »..., c'est-à-dire les auteurs des complices.

A• L'auteur de l'infraction

L'auteur de l'infraction est défini à l'article 121-4 du Code pénal comme « la personne qui commet les faits incriminés ». Commettre une infraction suppose d'en réunir tous les éléments constitutifs : l'élément légal, autrement dit le texte incriminateur, l'élément matériel, à savoir l'exécution des actes tels que définis par le texte, et l'élément moral qui correspond à l'attitude intellectuelle de l'auteur. Dès lors, la personne pénalement responsable est celle qui a accompli tant l'élément matériel que l'élément moral de l'infraction.

Dans sa définition la plus simple, l'auteur est donc celui qui commet « personnellement » les actes incriminés.

Dans les faits, le lieutenant Smet, qui était chargé de la mission, qui a recruté les civils et exécuté les prisonniers, peut être qualifié d'auteur matériel de l'infraction : il a eu conscience et volonté d'accomplir l'acte positif et matériel incriminé par la loi : l'exécution des prisonniers, autrement dit les homicides (art. 221-1 nouv. C. pén.).

Cependant, la qualification de l'auteur n'est pas toujours aussi simple. Il peut arriver, en effet, qu'une personne ne commette pas elle-même les actes matériels, tout en étant à l'origine de l'infraction. Ainsi l'infraction peut être le fait d'un auteur intellectuel qui en confie la réalisation à un tiers, l'auteur matériel. L'auteur intellectuel n'a certes pas commis les actes qui constituent le corps de l'infraction mais il a eu l'idée de celle-ci : il a donné des ordres, des instructions et en a confié, à un autre, la réalisation.

Tel semble être le cas, en l'espèce, du général Mader. Ce dernier apparaît, en effet, comme le « cerveau » de l'infraction, celui qui en a eu l'idée. Il n'a personnellement rien « fait » ; mais l'organisation et l'initiative de l'infraction lui reviennent.

Le général Mader peut donc être rangé parmi les auteurs de l'infraction, étant souligné qu'à l'inverse du lieutenant Smet, qui en est l'auteur matériel, il n'en serait, lui, que l'auteur intellectuel.

Toutefois, la condition d'auteur intellectuel manque de netteté. En l'absence d'un texte qui réprime spécifiquement l'instigation, la jurisprudence se montre hésitante. Il arrive ainsi que les juges qualifient l'instigateur d'auteur, pour s'assurer de la répression en neutralisant des causes objectives de responsabilité qui bénéficient au complice. Dans d'autres hypothèses, à l'inverse, l'instigateur sera traité de complice par instigation, puisque c'est lui qui détermine l'auteur matériel à commettre l'infraction.

Les qualifications retenues semblent conditionnées par les nécessités de la répression. La responsabilité pénale du général Mader peut donc également être envisagée au titre de la complicité.

B• Les complices

Les complices d'une infraction ont en commun de n'avoir pas accompli tous les éléments constitutifs de l'infraction. Ils y jouent un rôle secondaire, mais déterminant, en en facilitant, « sciemment », la préparation ou l'exécution : la complicité suppose la présence de l'élément moral, qui est nécessairement intentionnel.

La diversité des rôles que peut jouer un complice s'exprime à l'article 121-7 du Code pénal. Ce texte incrimine la complicité sous deux formes principales : l'aide ou l'assistance, et l'instigation.

1. L'aide ou l'assistance est une première forme de complicité, définie à l'article 121-7, alinéa 1, du Code pénal : est « complice d'un crime ou d'un délit la personne qui sciemment, par aide ou assistance, en a facilité la préparation ou la consommation ». La formule relativement large retenue par le Code pénal correspond à la forme la plus fréquente de complicité.

Elle peut, tout d'abord, consister en une fourniture de moyens. Ainsi, l'ancien Code pénal faisait, à ce titre, des complices de tous ceux qui auraient « procuré des armes, des instruments ou tout autre moyen qui aura servi à l'action ».

Ce peut être, également, l'assistance proprement dite : le complice est sur les lieux pour assister l'auteur dans la préparation ou la consommation de l'infraction. Dans le cas présenté, les civils ont immobilisé les prisonniers pendant leur exécution ; ils étaient sur les lieux de l'infraction. Cette forme de complicité semble donc appropriée à la définition de leur condition pénale.

Quelles que soient les modalités de la complicité par aide ou assistance, elle n'est punissable qu'à trois conditions.

• D'une part, **la théorie de l'emprunt de criminalité suppose**, en amont des faits de complicité, **une infraction principale punissable.** L'auteur et le complice, en effet, sont « cousus dans le même sac », selon la jolie formule du doyen Jean Carbonnier. C'est dire que l'acte de complicité est nécessairement rattaché à un comportement principal répréhensible dont il emprunte la criminalité.

Cette infraction principale doit être objectivement punissable, quel que soit le sort de son auteur : elle sera donc infraction consommée, ou infraction tentée, car la tentative de complicité n'est pas punissable. Elle consistera en un crime ou un délit pour toutes les formes de complicité, la complicité d'une contravention n'étant punissable que dans les hypothèses de provocation ou de fourniture d'instructions.

Dans les faits, l'aide des civils a permis le succès de l'opération : l'infraction a été consommée. Elle a consisté dans l'exécution de prisonniers, ce qui constitue des homicides, crime réprimé à l'article 221-1 du Code pénal.

A priori, l'infraction principale semble donc objectivement punissable.

• D'autre part, **la complicité par aide ou assistance suppose un comportement positif.** L'abstention n'est pas en principe punissable : celui qui assiste à la commission d'une infraction tout en restant passif ne saurait être qualifié de complice, sous réserve des cas où la jurisprudence réprime certains comportements passifs dès lors que le rôle du complice est déterminant.

Dans les faits, les civils ont participé à la mission de sabotage et, pour ce faire, ont assisté le lieutenant Smet, notamment au cours de l'exécution : ils ont immobilisé les prisonniers. L'existence d'un acte positif ne fait donc aucun doute.

• Enfin, **cet acte positif doit être antérieur ou concomitant à l'infraction.** Cette exigence est déduite de l'article 121-7 du Code pénal aux termes duquel la complicité consiste à faciliter « la préparation ou la consommation » de l'infraction. Par conséquent, la complicité n'est pas punissable si elle consiste à fournir une aide postérieure à la consommation de l'infraction.

Toutefois, cette solution de principe admet des exceptions : la jurisprudence retient l'acte de complicité postérieur à l'infraction dès lors qu'il résulte d'un accord antérieur, conclu entre l'auteur et son complice. De même, le Code pénal incrimine parfois, à titre autonome, l'aide ou l'assistance postérieure à la consommation de l'infraction : il en est ainsi en matière de recel.

En l'espèce, l'immobilisation des prisonniers par les civils a bien évidemment précédé leur exécution. Elle correspond donc aux prévisions du texte incriminateur.

Toutes les exigences posées par l'article 121-7 du Code pénal paraissant réunies, il est possible d'envisager des poursuites à l'encontre des civils, en vertu de l'aide ou de l'assistance qu'ils ont apportées à l'infraction.

2. La complicité par instigation est visée à l'article 121-7, alinéa 2, du Code pénal. *A priori*, elle peut correspondre aux agissements du général Mader. Elle comprend trois éléments constitutifs.

Elle suppose, tout d'abord, soit une **provocation** faite aux moyens d'adminicules, à une **personne déterminée** et **suivie d'effets**, soit des instructions.

• La provocation, selon l'article 121-7, alinéa 2, du Code pénal, se réalise par « don, promesse, menace, ordre, abus d'autorité ou de pouvoir ». En l'absence de ceux-ci, la provocation n'est pas punissable au titre de la complicité. Le simple conseil, aussi pressant soit-il, ne pourrait suffire : dans ce cas l'auteur du conseil sera qualifié de simple comparse.

• En outre, pour que la provocation soit punissable, elle doit être faite à une personne déterminée, et correspondre à une pression exercée sur la volonté de l'agent. Ainsi, celui-ci agira soit dans un but intéressé (don ou promesse), soit par peur de représailles (ordre, menace, abus d'autorité ou de pouvoir).

• Il faut, enfin, que la provocation ait été suivie d'effets : elle doit avoir suscité la consommation ou la tentative d'une infraction. Cette condition est dans la logique de l'emprunt de criminalité : sans infraction principale, il n'y a pas de complicité punissable.

Cette forme de complicité par instigation paraît pouvoir définir la condition pénale du général Mader. Les faits en réunissent effectivement les différents éléments. On y trouve la provocation : « ne faites pas de prisonniers » ; faite à une personne déterminée : le lieutenant Smet ; avec des menaces : « Vous en répondez sur votre vie ! » ; et même un abus d'autorité ou de pouvoir, puisque le général Mader use de sa qualité pour exciter non pas à l'héroïsme, mais au crime.

En somme, toutes les conditions paraissent remplies pour que le général Mader soit qualifié de complice par provocation, et sa responsabilité pénale engagée de ce chef.

Le principe de la répression du complice est énoncé par l'article 121-6 du Code pénal : « Sera puni comme auteur le complice de l'infraction. » Cela signifie, non pas que les complices seront punis comme l'auteur principal de l'infraction, la théorie de l'emprunt de pénalité ayant disparu, mais comme s'ils étaient eux-mêmes auteur de l'infraction.

Encore faut-il, pour que cette répression soit effective, que des causes d'irresponsabilité pénale n'y fassent pas obstacle.

2– Les causes d'irresponsabilité pénale

Les causes d'irresponsabilité pénale empêchent le prononcé d'un jugement de culpabilité. Elles sont fondées sur l'absence de libre arbitre : la déclaration de culpabilité suppose en effet que l'auteur de l'infraction ait agi avec discernement et liberté.

Si les causes subjectives d'irresponsabilité pénale tiennent à la personne même de l'auteur des faits, les faits justificatifs sont dus à un événement extérieur, lié aux circonstances de l'infraction. Ils neutralisent l'élément légal.

Les faits de l'espèce suggèrent la présence de deux causes d'irresponsabilité pénale : la contrainte, cause subjective, et le commandement de l'autorité légitime, fait justificatif.

A• La contrainte

La contrainte est définie par l'art 122-2 du Code pénal : « N'est pas pénalement responsable la personne qui a agi sous l'empire d'une force ou d'une contrainte à laquelle elle n'a pu résister. »

La contrainte est une cause subjective d'irresponsabilité pénale puisqu'elle supprime la volonté de l'auteur de l'infraction. En cela elle se rapproche du trouble psychique ou neuropsychique qui altère ou abolit le discernement.

Deux formes de contrainte sont traditionnellement admises : la contrainte physique et la contrainte morale. La **contrainte physique** s'exerce sur le corps même de l'agent (il s'agit ici de la « force » à laquelle se réfère le Code pénal), tandis que la **contrainte morale** exerce une pression irrésistible sur la volonté de l'auteur.

Les faits de l'espèce ne font pas apparaître de contrainte physique, à laquelle nos protagonistes n'auraient pas pu résister. Au contraire, les menaces proférées par le général Mader et la ferveur patriotique des civils recrutés par le lieutenant Smet invitent à étudier l'éventualité d'une contrainte morale.

La contrainte morale peut être externe ou interne. Il convient d'envisager ces deux modalités.

1. La contrainte morale externe

La contrainte morale externe résulte de pressions exercées, de l'extérieur, sur la volonté de l'auteur. L'exemple le plus net en est les menaces dirigées contre l'auteur des faits ou contre une personne qui lui est proche.

Les faits de l'espèce se prêtent à cette analyse. En effet, le lieutenant Smet, chargé de la mission, sait qu'il doit absolument réussir, le général Mader l'a mis en garde : « Vous en répondez sur votre vie ». Il s'agit donc de menaces de mort. Le lieutenant Smet peut-il les invoquer pour s'exonérer de sa responsabilité pénale ?

La contrainte morale externe est difficilement retenue par la jurisprudence aussi longtemps qu'elle laisse subsister une part, fût-elle infime, de liberté et de volonté. Dès lors, pour s'exonérer de sa responsabilité, l'auteur des faits devra démontrer l'imminence du péril dont il est menacé, et le caractère irrésistible de cette contrainte, c'est-à-dire l'impossibilité absolue d'y résister. La contrainte irrésistible domine la volonté de celui qui la subit et ne lui laisse pas la faculté d'agir autrement qu'il a agi (Crim., 11 juin 1926, *DH* 1926.378 ; Crim., 8 déc. 1987, *D.* 1988. 131.)

En outre, la contrainte doit être imprévisible : la situation dans laquelle s'est retrouvé le sujet ne doit pas résulter d'une faute antérieure de sa part.

Peut-on retenir en l'espèce le caractère irrésistible de la contrainte ?

La réponse doit être nuancée. Il est vrai, d'un côté, que le lieutenant Smet est sous l'autorité hiérarchique du général Mader. Il a un devoir d'obéissance envers ce dernier. Il est également vrai que Smet est l'objet des menaces de mort formulées par le général Mader : « Vous en répondez sur votre vie ». Il est vrai, enfin, que la jurisprudence a déjà admis, au titre de la contrainte, l'exonération d'un soldat, contraint à l'obéissance (Crim., 29 déc. 1949, *Bull.* n° 360).

Cependant, d'un autre côté, la situation du lieutenant Smet ne paraît pas celle d'un homme assujetti à l'autorité de ses chefs : il n'est pas immédiatement exposé à la réalisation des menaces proférées à son encontre, et l'on peut douter qu'elles annihilent vraiment sa liberté. Il peut sembler, au contraire, qu'il se trouve dans une situation analogue à celle de ce propriétaire, dont les bois abritent des bandits qu'il ne dénonce pas, par peur des représailles dont ils l'ont menacé : les juges lui ont refusé le bénéfice de la contrainte morale externe, en raison, sans doute, de la marge de liberté que les circonstances lui ménageaient encore (Crim., 28 déc. 1900, *S.* 1903-1-254).

En outre, dans les faits, les menaces de mort dont Smet est l'objet apparaissent comme la sanction de l'échec : elles le condamnent à la réussite, pas au meurtre de ses prisonniers. Or, Smet est lui-même, sur le terrain, dans la condition d'un chef : il peut choisir les moyens de sa réussite.

Dans ces conditions, le lieutenant Smet n'apparaît pas irrésistiblement contraint d'agir comme il l'a fait. Sa situation, bien que difficile, ne se réduit pas au choix de commettre l'infraction ou d'être lui-même exécuté. Le caractère irrésistible de la contrainte morale ne paraît donc pas démontré.

2. La contrainte morale interne

La contrainte morale interne est celle qui résulte des passions, de l'émotion, des convictions de l'individu ; tous ces sentiments qui animent l'auteur de l'infraction et qui peuvent le conduire sur le chemin de l'infraction.

En l'espèce, les civils, qui ont été recrutés par le lieutenant Smet, n'ont pas été difficiles à convaincre. Animés par un sentiment très fort de patriotisme, ils étaient « conscients de contribuer à la défense de leur pays ».

Toute la question est de savoir si ce sentiment patriotique peut être invoqué au titre de la contrainte ?

La réponse ne paraît pas douteuse : traditionnellement, la jurisprudence refuse de voir une source d'impunité dans les passions, les convictions ou l'émotion : le droit pénal est, précisément, établi contre l'effet criminogène qu'elles peuvent avoir. La contrainte morale interne, en tant que telle, n'a donc jamais été reconnue comme une cause d'irresponsabilité pénale (Crim., 11 avril 1908, *D.* 1908, I, 261).

Cependant, elle pourrait être apparentée à un trouble psychique ou neuropsychique, s'il apparaissait que les passions du sujet ont altéré ou aboli son discernement (art. 122-1 C. pén.).

Les faits rapportés ne le laissent pas penser.

Dans ces conditions, les civils ne peuvent pas invoquer le sentiment patriotique qui les anime pour justifier l'infraction commise.

*

En conclusion, ni le lieutenant Smet, ni les civils « réquisitionnés » par lui ne pourront invoquer la contrainte morale pour s 'exonérer de leur responsabilité pénale.

Reste maintenant à envisager l'hypothèse du commandement de l'autorité légitime.

B• Le commandement de l'autorité légitime

Le commandement de l'autorité légitime est le fait justificatif de ceux qui ont commis une infraction en obéissant aux ordres. Fondé sur le devoir d'obéissance et l'absence de libre arbitre, le commandement de l'autorité légitime va justifier l'infraction commise. Il est régi par l'article 122-4, alinéa 2, du Code pénal : « N'est pas pénalement responsable la personne qui accomplit un acte commandé par l'autorité légitime, sauf si cet acte est manifestement illégal. »

Cette cause d'irresponsabilité pénale peut être envisagée dans l'espèce qui nous est soumise dans la mesure où les complices et l'auteur de l'infraction, à savoir les civils (« après avoir ordonné aux civils de les immobiliser ») et le lieutenant Smet (« ne faites pas de prisonniers »), ont respectivement reçu des ordres pour accomplir cette mission.

L'existence de cette cause objective d'irresponsabilité pénale est subordonnée à deux séries de conditions : l'une a trait à l'autorité qui ordonne, l'autre à l'illégalité du commandement.

1. L'autorité qui ordonne doit être **légitime** (art. 122-4, al. 2, C. pén.). Cette qualité est reconnue à l'autorité publique (civile, judiciaire, administrative, ou militaire) compétente. C'est dire que l'ordre d'une autorité privée ne constitue pas une cause d'irresponsabilité pénale (Crim, 3 mars 1997, Bull. n° 107.)

En l'espèce, l'ordre donné aux civils émane du lieutenant Smet ; celui donné au lieutenant Smet l'a été par le général Mader. Les deux commandements proviennent donc d'autorités publiques, en l'occurrence militaires.

L'autorité publique doit être une autorité compétente. Sur ce point, il semble raisonnable de considérer cette exigence remplie : le lieutenant Smet et le général Mader avaient compétence pour donner des ordres, dans ces circonstances.

2. L'illégalité du commandement constitue la seconde condition d'existence du fait justificatif. Elle peut se résumer dans une question : le subordonné est-il toujours justifié par son obéissance, quelle que soit l'illégalité du commandement ?

Trois réponses différentes ont été proposées par la doctrine.

• La première, dite de l'**obéissance passive**, impose une obéissance absolue de la part du subordonné : il doit accomplir tous les ordres de son supérieur, même illégaux et, en contrepartie, son acte sera justifié et sa responsabilité pénale ne sera pas engagée. Tous les débordements sont à craindre…

• Une seconde théorie, à l'inverse, dite des **« baïonnettes intelligentes »**, oblige le subordonné à une appréciation des ordres qu'il reçoit. Il ne sera pas justifié s'il obéit à un ordre illégal. On imagine à quelles difficultés pratiques se heurte cette théorie...

• C'est un troisième système que le droit positif a préféré : **l'illégalité manifeste de l'ordre.** Aux termes de l'article 122-4 du Code pénal, « n'est pas pénalement responsable la personne qui accomplit un acte commandé par l'autorité légitime, sauf si cet acte est manifestement illégal ». Le subordonné qui exécute un ordre illégal ne sera pas responsable pénalement si l'illégalité n'est pas manifeste ; au contraire si le commandement est manifestement illégal, l'acte du subordonné ne sera pas justifié.

Toute la difficulté réside alors dans l'appréciation du caractère manifeste de l'illégalité de l'ordre...

Le juge devra prendre en compte un faisceau d'indices : la nature de l'acte à exécuter, la personnalité du subordonné, sa position sociale, ses compétences, ses connaissances juridiques etc.

En l'espèce, les seuls indices disponibles sont la nature de l'acte et la personnalité des exécutants.

Si l'on se réfère, d'abord, à la nature même de l'acte dont l'exécution est demandée, il est sans conteste que l'exécution de prisonniers constitue un acte d'une particulière gravité. De ce fait, l'ordre peut apparaître déjà comme manifestement illégal.

La personnalité des subordonnés, ensuite, appelle une distinction.

Pour ce qui est du lieutenant Smet, on pensera peut-être que son obéissance inconditionnelle aux ordres relève de la discipline des Armées... et de son devoir de soldat. Cependant, en sens contraire, il est le mieux placé pour connaître le caractère manifestement illégal de cet acte, que les lois de la guerre réprouvent : « des militaires qui, sur les instructions de leurs chefs, achèvent un prisonnier blessé ne peuvent évidemment être déclarés irresponsables de cet acte odieux » (Ch. acc. Paris, 28 févr. 1994, inédit).

Les civils, eux-mêmes, n'ont pas pu ignorer le caractère barbare de leur acte (sauf à les imaginer très arriérés, ce que les faits ne laissent pas soupçonner), et bien que plus indépendants de la hiérarchie militaire, c'est presque de gaîté de cœur qu'ils se sont rangés sous les ordres de Smet, pour accomplir cette besogne.

On en peut conclure que ni le lieutenant Smet ni les civils ne peuvent invoquer le commandement de l'autorité légitime pour s'exonérer de leur responsabilité pénale : l'illégalité manifeste de l'ordre neutralise toute justification.

Au titre des causes d'exonération, ni la contrainte morale ni le commandement de l'autorité légitime ne pourront donc, semble-t-il, être invoqués par les personnes poursuivies.

Université
Sciences sociales (Toulouse I)

février 2003 – premier semestre

professeur ayant donné le sujet et établi le corrigé
Thierry Garé

programme

Droit pénal général.

mots clés

qualification des faits, état de nécessité, contrainte, minorité

sujet

Après une dure semaine de travail, M. et Mme Durand se sont offert une soirée de détente en laissant à la maison leurs trois enfants : Matthieu, 16 ans, Alexandre, 12 ans, et Amélie 5 ans. Pendant la soirée, Amélie fut prise de violents maux de ventre accompagnés d'une forte fièvre. Pris de panique, Matthieu décida de conduire sa sœur à l'hôpital grâce à la voiture de sa mère, restée dans le garage. Cependant, à la première intersection, la voiture conduite par Matthieu, qui n'avait pas respecté un signal « stop », fut violemment heurtée par celle du docteur Urgaud, qui se rendait, en urgence, au chevet d'un malade. Matthieu fut gravement blessé. Quant au médecin, il ne fut que légèrement touché.

Vous exposerez les conséquences juridiques de cette situation.

Durée de l'épreuve : 1 h 30. Le Code pénal est seul autorisé.

indications de correction

Eu égard à la brièveté de l'épreuve (1h30), les étudiants étaient dispensés du résumé des faits. Il leur suffisait d'indiquer, en introduction, quelles étaient les difficultés soulevées par le cas pratique en ce qui concerne Matthieu : qualifications applicables ; causes d'exonération éventuelles ; régime de sa responsabilité.

Remarque : Beaucoup d'étudiants ont traité exclusivement les causes d'exonération (et notamment l'état de nécessité) sans avoir vérifié qu'au moins une qualification était applicable. Il s'agit d'une erreur de raisonnement grave : discuter l'exonération n'a de sens que si la responsabilité peut être retenue. **L'étude de la qualification des faits est** donc, en droit pénal, **un préalable indispensable** : la première étape de tout cas pratique de droit pénal.

1- Les qualifications pénales applicables à Matthieu

– Conduite sans permis (art. R. 123 C. route) ;

– non-respect du signal « stop » (art. R. 27 C. route) ;

– violences involontaires sur le Dr Urgaud : on sait qu'il a été légèrement blessé. On peut alors retenir ou bien la contravention de l'article R. 625-2 si l'incapacité est d'une durée inférieure ou égale à trois mois, ou bien la contravention de l'article R. 625-3 s'il n'est résulté de l'accident aucune incapacité de travail sur le Dr Urgaud ;

– on pouvait, éventuellement, discuter le vol de la voiture de la mère : la jurisprudence a dégagé la notion de vol d'usage, mais le nouveau Code pénal a repris l'immunité familiale entre ascendants et descendants. Dès lors ce vol ne peut donner lieu qu'à des réparations civiles (art. 311-12 C. pén.).

S'il n'y avait pas eu de blessures sur le Dr Urgaud, on aurait pu discuter la mise en danger délibérée d'autrui. Mais cette qualification, qui punit l'exposition d'autrui à un risque, est écartée lorsque le risque s'est réalisé et que des blessures ont été occasionnées.

Les étudiants devaient remarquer que toutes ces infractions sont en concours réel, ce qui aboutit, sur le terrain de la répression, à un cumul des peines contraventionnelles avec les peines délictuelles.

Le comportement de Matthieu relevant de plusieurs qualifications pénales, se pose la question de son éventuelle exonération.

2- Les causes d'exonération éventuelles

– Il fallait discuter l'état de nécessité. Son application est toutefois douteuse car il y a une faute antérieure (conduite sans permis). En outre, l'acte accompli par Matthieu n'était pas vraiment nécessaire puisqu'il pouvait téléphoner à un médecin, au SAMU, à un taxi... ;

– on pouvait discuter également la contrainte. Mais les chances de succès sont encore plus modestes que précédemment car la simple panique n'est pas retenue en jurisprudence comme constituant une contrainte morale.

Dès lors, il semble bien que Matthieu ne peut bénéficier d'aucune cause d'exonération. Sur le terrain des faits justificatifs, il ne peut invoquer ni l'ordre de la loi, ni le commandement de l'autorité légitime, ni la légitime défense et nous avons exclu l'état de nécessité. Sur le terrain des causes de non-imputabilité, nous avons exclu la contrainte. Quant à la démence (le Code parle aujourd'hui de trouble psychique ou neuropsychique), elle n'a pas vocation à s'appliquer car rien, dans l'énoncé, ne nous permet de penser que Matthieu a pu agir sous l'empire d'un trouble mental. La répression était, toutefois, infléchie par le régime de responsabilité spécifique auquel Matthieu est soumis.

3- Le régime de responsabilité pénale des mineurs

Matthieu a 16 ans. Il relève donc du régime prévu par l'ordonnance du 2 février 1945. Il semble avoir son discernement. Dès lors, sa responsabilité pourra être retenue. En théorie, le juge peut prononcer contre Matthieu une peine identique à celle d'un majeur. En pratique, il est vraisemblable qu'il ne le fera pas pour deux raisons : d'une part, Matthieu semble être un délinquant primaire ; d'autre part, il a agi avec de bonnes intentions. Tout devrait se solder par une mesure d'éducation. On peut même penser qu'aucune poursuite ne sera diligentée au profit d'une mesure alternative comme la médiation. Le juge des enfants ne sera alors même pas saisi.

*

Les copies ont été corrigées en application du barème suivant :

I. Qualification : 8 points
- ensemble des qualifications : 4 points
- concours réel : 4 points

II. Exonération : 8 points
- état de nécessité : 3 points
- contrainte: 3 points
- autres: 2 points

III. Minorité : 4 points
- règles applicables : 2 points
- en pratique : 2 points

Il a été retiré jusqu'à 2 points pour la forme (style, orthographe, fluidité et logique des développements...).

Université
Jean-Moulin (Lyon III)

janvier 2003 – premier semestre

professeurs ayant donné le sujet et établi le corrigé
Wilfrid Jeandidier et **André Varinard**

programme

Droit pénal.

mots clés

application de la loi pénale dans l'espace et dans le temps, extradition

sujet

Adeptes des idées les plus radicales, le sieur René Ghat, citoyen français, et la dame Belle Planche-Poury, citoyenne suisse, décident de préparer un attentat contre le président de la République française, qui sera le plus beau feu d'artifice tiré lors du prochain 14 juillet : un suicide collectif à bord d'un petit avion jeté sur le palais de l'Élysée. Ce complot (C. pén., art. 412-2 : dix ans d'emprisonnement et 150 000 euros d'amende) est soigneusement mis au point en Suisse où ces deux personnes résident. Et rien n'aurait pu être envisagé sans l'aide précieuse du sieur Jean Aymar, directeur de l'aéroclub « Plus près du ciel », sis en France près de la frontière suisse, qui leur a communiqué un certain nombre de renseignements, leur a donné des leçons de pilotage et leur a promis la fourniture d'un appareil. Mais un voisin du couple, amoureux éconduit de Belle, les dénonce. Le couple a juste le temps de passer en France où il est rapidement arrêté. Quant à sieur Aymar, il arrive à s'enfuir en Allemagne.

1– Les autorités françaises peuvent-elles poursuivre et juger le sieur Ghat et la dame Planche-Poury ? (8 points)

2– Les agissements de Aymar tombent-ils sous le coup de la loi française et cet individu est-il extradable ? (7 points)

3– Depuis les faits, une loi française nouvelle (loi imaginaire) a modifié les peines du complot, désormais puni de huit ans d'emprisonnement et de 200 000 euros d'amende. À supposer évidemment le droit français applicable, cette loi nouvelle pourrait-elle alors régir les faits considérés ? (5 points)

NB : 1) vous devez donner des réponses claires, précises et motivées ; 2) aucun document n'est autorisé.

Durée de l'épreuve : 1 h 30.

indications de correction

Question 1

Le sieur Ghat est un Français qui a commis une infraction (complot : délit correctionnel) à l'étranger (Suisse). Le principe de la personnalité active (C. pén., art. 113-6, al. 2) permet le jeu de la loi française à condition de respecter la règle de la réciprocité d'incrimination (C. pén., art. 113-6, al. 2) et la règle *non bis in idem* (C. pén., art. 113-9).

Mais on peut aussi faire jouer le **principe de la réalité**, l'infraction considérée étant de celles visées par l'article 113-10 du Code pénal. Aucune réciprocité d'incrimination n'est alors exigée et il en va de même pour la règle *non bis in idem* (il y a en l'occurrence une sorte de territorialité fictive).

Ghat étant arrêté en France, le **principe d'universalité** de la répression peut aussi conduire au jeu de la loi française (infraction de terrorisme : C. proc. pén., art. 689-3).

La dame Planche-Poury étant une étrangère (suissesse) a commis un délit (complot) à l'étranger (Suisse). Seuls les **principes de réalité** (C. pén., art. 113-10) **ou d'universalité** (C. proc. pén., art. 689-3) peuvent être envisagés pour faire jouer la loi française.

Question 2

Aymar est complice en France d'un délit commis à l'étranger. Il faut faire jouer de prime abord les règles de l'article 113-5 du Code pénal (réciprocité d'incrimination et condamnation définitive par la juridiction étrangère), ce qui, vu les circonstances (arrestation des auteurs principaux en France) est impossible. De toute façon, l'article 113-5 n'a pas lieu de jouer lorsque le fait principal est punissable au regard de la loi française, ce qui est le cas (principe de réalité équivalant à une territorialité fictive). La règle de la **complicité de criminalité d'emprunt** permet donc de soumettre Aymar à la loi française.

On suppose que Aymar est français et rien ne s'oppose à ce que l'Allemagne l'extrade. L'infraction n'est pas politique (complicité d'assassinat d'un chef d'État : v. ainsi la Convention européenne d'extradition, art. 3, 3°).

Question 3

Le **critère d'appréciation** est la peine d'emprisonnement qui est moins sévère dans le texte nouveau. La loi nouvelle est donc plus douce malgré une élévation du taux de l'amende. Elle est donc rétroactive et s'applique aux faits considérés.

La recherche documentaire

La connaissance ne passe pas uniquement par la transcription scrupuleuse du cours, elle ne peut véritablement prospérer que par la recherche personnelle. Il est indispensable de savoir chercher les informations dont on a besoin et de ne pas se contenter, même en DEUG, des connaissances distillées durant les cours magistraux ou lors des séances de travaux dirigés. L'apprentissage d'une méthode de recherche doit débuter avec les études supérieures, de façon à maîtriser assez vite la technique, pour aborder le second cycle avec sérénité. L'étudiant acquiert ainsi une certaine autonomie. Il se familiarise avec des outils de travail qu'il utilisera plus tard, en fin d'études et parfois dans le cadre de son activité professionnelle. Il enrichit en outre sa réflexion personnelle, d'idées, de débats, de références documentaires qui n'ont pu, faute de temps, être cités *ex cathedra*.

Par ailleurs, les sources documentaires sont aujourd'hui suffisamment nombreuses pour que chacun puisse effectuer une recherche appropriée et efficace. Le seul danger qui n'est pas négligeable, est d'être submergé sous le volume d'informations, les publications devenant pléthoriques. Pour ne pas se perdre, il suffit pourtant de connaître les principaux matériaux existants et d'apprendre à les utiliser pour trouver aussi rapidement que possible l'information convoitée.

1– Les matériaux

A• Les ouvrages

Deux grandes catégories d'ouvrages doivent être distinguées, ceux qui viennent en complément d'un apprentissage ou d'une révision rapide de la matière et ceux qui ouvrent vers une recherche approfondie.

Leur diversité offre au lecteur la possibilité de travailler sur l'ouvrage ou les ouvrages qu'il comprend le mieux, compte tenu de son degré de connaissance de la discipline et de l'usage qu'il souhaite en faire (révision ou approfondissement). Veillez cependant à n'utiliser que les dernières éditions des ouvrages, pour ne pas faire à votre insu... de l'histoire du droit. Ce conseil est d'autant plus important lorsque l'on connaît l'inflation législative galopante en matière répressive.

1. Les manuels

La plupart se consacrent à une seule matière, certains d'entre eux regroupant néanmoins les deux disciplines.

• **Ouvrages consacrés à une seule matière :**

– **Droit pénal général**

Ph. Conte et P. Maistre du Chambon, *Droit pénal général*, 6e éd., Armand Colin, 2002.

F. Desportes et F. Le Gunehec, *Le nouveau droit pénal*, t. I : *Droit pénal général*, 9e éd. Economica, 2002.

J. Pradel, *Droit pénal général*, 14e éd. Cujas, 2002.

J.-H. Robert, *Droit pénal général*, 5e éd., PUF, coll. « Thémis », 2001.

J. Pradel et A. Varinard, *Grands arrêts du droit pénal général*, 3e éd., Dalloz, 2001.

– **Procédure pénale**

Ph. Conte et P. Maistre du Chambon, *Procédure pénale*, 3e éd., Armand Colin, 2001.

J. Pradel, *Procédure pénale*, 10e éd., Cujas, 2000.

J. Pradel et A. Varinard, *Grands arrêts de la procédure pénale*, 3e éd., Dalloz, 2001.

• **Ouvrages traitant les deux matières en un seul corpus :**

Th. Garé et C. Ginestet, *Droit pénal et procédure pénale*, 2e éd., Dalloz, coll. « Hypercours », 2002.

J.-C. Soyer, *Droit pénal et procédure pénale*, 15e éd., LGDJ, 2000.

2. Les précis et traités

– **Droit pénal général**

R. Merle et A. Vitu, *Traité de droit criminel*, t. I, 7e éd. Cujas, 1997.

G. Stefani, G. Levasseur et B. Bouloc, *Droit pénal général*, 17e éd., Dalloz, coll. « Précis », 2000.

M.-L. Rassat, *Droit pénal*, 2e éd., PUF, coll. « Droit fondamental », 1999.

– **Procédure pénale**

S. Guinchard et J. Buisson, *Procédure pénale*, 2e éd., Litec, 2002.

R. Merle et A. Vitu, *Traité de droit criminel*, t. II : *Procédure pénale*, 5e éd., Cujas, 2001.

M.-L. Rassat, *Traité de procédure pénale*, PUF, coll. « Droit fondamental », 2001.

G. Stefani, G, Levasseur et B. Bouloc, *Procédure pénale*, 17e éd., Dalloz, coll. « Précis », 2000.

Les codes (Code pénal et Code de procédure pénale, dernière édition) et le *Bulletin criminel de la Cour de cassation* doivent être consultés régulièrement car il faut apprendre à lire les textes et les arrêts, plus largement à travailler directement avec les sources.

B• Les revues

Elles sont là encore très diversifiées. Seules seront recensées ici les revues généralistes contenant les informations les plus importantes en droit pénal et procédure pénale (un arrêt notable sera commenté dans plusieurs revues) et les revues spécialisées en matière répressive.

1. Les revues généralistes

– Le *Recueil Dalloz* (*D.*)
– La *Semaine juridique*, édition générale (*JCP*, éd. G)
– La *Gazette du Palais* (*GP* ou *Gaz. Pal.*)

2. Les revues spécialisées

– La *Revue de science criminelle et de droit pénal comparé* (*Rev. sc. crim.*)
– *Droit pénal* (*Dr. pén.*)

C• Les sites Internet

L'outil informatique ne peut être négligé, il permet en effet d'accéder à l'information en temps réel. Pourtant, l'étudiant de DEUG devra être prudent dans son utilisation. Les inévitables difficultés à distinguer l'indispensable du superflu, le document important de l'élément secondaire doivent l'inciter à ne l'utiliser qu'avec parcimonie et à privilégier la consultation des sites officiels. Ce faisant, il sera en outre assuré de l'authenticité de l'information qui lui est offerte (sauf précision expresse contraire, par exemple, lors du vote d'une loi au parlement avant impression définitive du texte). Il est enfin toujours périlleux de tenir pour une théorie doctrinale acquise, ce qui n'est au fond qu'une opinion particulière à son auteur, contenue dans un site personnel.

La plupart des sites officiels renvoient les uns aux autres, mais lorsque l'on fait une recherche ciblée, le détail des adresses permet d'accéder directement à l'information recherchée :

– **www.assemblee-nationale.fr** : Site de l'Assemblée nationale. Il comprend l'agenda parlementaire, l'actualité, l'ordre du jour et le programme des travaux de l'assemblée sur trois semaines. Les projets et propositions de loi votés par l'assemblée sont reproduits *in extenso*. Ce site propose un lien avec La Documentation française où l'on peut trouver les dossiers d'actualité, les rapports publics et la liste des publications ;

– **www.conseil-constitutionnel.fr** : Site du Conseil constitutionnel. Il comprend l'actualité, les décisions du Conseil, les références doctrinales et la Constitution de 1958 ;

– **www.courdecassation.fr** : Site de la Cour de cassation. Il comprend l'actualité (colloques...), les rapports de la cour et quelques arrêts sélectionnés ;

– **www.journal-officiel.gouv.fr** : Site du Journal officiel. Il comprend le journal officiel du jour et les textes publiés au *Journal officiel* depuis 1998 (par Légifrance, gratuité) ou depuis 1990 (par Jurifrance, abonnement) ;

– **www.jurifrance.com** : Site très complet sur abonnement. Ce site comprend les textes publiés depuis 1990, 72 codes officiels, des décisions du Conseil constitutionnel, de la Cour de cassation et des cours d'appel ;

– **www.justice.gouv.fr** : Site du ministère de la justice. Il comprend l'actualité générale et renvoie à d'autres sites. Il contient aussi des informations générales sur le ministère, sur son ministre, sur l'organisation et le fonctionnement de la justice en France ainsi que sur certains concours ;

– **www.legifrance.gouv.fr** : Site juridique à vocation générale. Il permet l'accès à la Constitution, aux codes et lois, à la jurisprudence, au *Journal officiel*, à l'actualité juridique, aux traités et accords internationaux, au droit communautaire ;

– **www.senat.fr** : Site du Sénat. Il est composé de dossiers d'actualité, des travaux parlementaires mais aussi de la liste des sénateurs ;

– **www.echr.coe.int** : Site de la Cour européenne des droits de l'homme sur lequel on peut trouver tous les arrêts rendus ;

– **www.europa.eu.int** : Site du conseil de l'Europe ;

– **www.dalloz.fr** : Site des éditions Dalloz. Il comporte, outre le catalogue de l'éditeur, des dépêches d'actualité (législation, jurisprudence...) et un forum. Sur abonnement ;

– **www.juris-classeur.com** : Site des éditions du Juris-Classeur. Il comporte le catalogue de l'éditeur, des dépêches d'actualité (législation, jurisprudence). Site gratuit (pour l'instant).

2– La méthode

La recherche documentaire ne présente pas toujours le même degré de difficulté, tout dépend de ce que l'on cherche : un document précis ou plus largement des informations sur un thème.

• La **recherche ponctuelle d'un document précis** peut être facilement effectuée à partir de la référence exacte donnée en cours ou relevée dans un écrit juridique autorisé. Il suffit alors de bien noter cette référence (Cass. crim., 20 février 2001, *D.* 2002, somm. p. 1793), de savoir la lire (il s'agit d'un arrêt rendu par la chambre criminelle de la Cour de cassation, en date du 20 février 2001, publié au *Recueil Dalloz*, de l'année 2002, dans la partie « sommaires commentés », p. 1793) et de rechercher le document. À ce titre, il est important de connaître sa nature (article de doctrine, décision jurisprudentielle, commentaire, texte de loi...), sa date et le lieu de publication, la page pouvant alors être facilement retrouvée dans les tables de l'ouvrage (chronologiques et alphabétiques).

La recherche d'un document existant, cité sans références, ne peut être effectuée qu'à partir des tables des revues (pour une chronique, un arrêt récents), des ouvrages classiques (pour une information importante plus ancienne) ou des *Grands arrêts* (pour une recherche jurisprudentielle).

Ce travail doit être régulièrement réalisé pour illustrer et compléter le cours, voire pour l'anticiper. Il permet de se familiariser avec les outils de base ; l'apprentissage de la méthode se fera ainsi peu à peu, tout naturellement.

• La **recherche plus générale d'informations sur un thème**, dans le cadre de la préparation d'un exposé par exemple (existence d'articles sur un thème précis, position des juridictions sur telle question, historique, arrière-plan social), fait appel à de véritables qualités de chercheurs. Le risque est celui de l'éparpillement peu productif aggravé par une cruelle perte de temps. Il faut être méthodique et suivre certains préceptes quelle que soit la recherche envisagée :

– toujours **commencer** ses recherches **par les publications les plus récentes** qui permettront de remonter facilement le temps et de retrouver sûrement toutes les publications antérieures sur le thème donné (citées en notes bibliographiques) ;

– **opérer sa recherche par mot clef**, la difficulté étant parfois de le déterminer. Il faut alors se livrer à un véritable jeu de piste, comme dans l'exemple suivant. Face au sujet « la faute pénale », déceler le mot clef suppose acquises des connaissances de fond et demande quelques réflexions préalables. La recherche ne peut plus être passive. La consultation de la table alphabétique du Code pénal semble *a priori* décevante. L'expression n'y figure pas ; que faire ? Situez alors le sujet dans son contexte, revenez à la question de l'élément moral de l'infraction. Dès lors, les idées fourmillent. Vous songez au mot « dol », mais le Code reste désespérément muet. Il n'est guère plus secourable si vous cherchez à « élément intentionnel ». Allez au mot « intention » et « imprudence », vous découvrirez alors sous ces entrées thématiques toutes les informations dans les sous-rubriques proposées. La richesse du Code pourra, selon le thème, se révéler étonnante. Mais le miracle n'opère pas toujours ;

– **prospecter dans plusieurs directions** : tout d'abord, les codes qui sont une mine de renseignements (pour les sources législatives, doctrinales et jurisprudentielles), ensuite les ouvrages (pour les explications et les idées) et les revues (généralistes et spécialisées pour les applications plus pointues). Toutes ces données se recouperont fatalement ;

– pour être sûr de faire le tour de la question, surtout en ce qui concerne les développements les plus récents (le dernier arrêt important, un projet de loi non encore commenté), consulter les derniers numéros des revues (non encore reliés) et utiliser les sites Internet.

Une dernière remarque s'impose en ce qui concerne la **recherche d'articles ou de chroniques sur un thème précis** : prenez garde à ne pas écarter prématurément un document qui semble ne pas correspondre à votre domaine d'intérêt, ou qui en est à la marge. À l'inverse, un article suggérant un recoupement avec l'objet de la recherche peut s'avérer déceptif et ne pas traiter l'aspect attendu, ou très peu. Cela signifie tout simplement que l'auteur a choisi un angle de réflexion différent (pour lequel un parallèle avec votre recherche peut d'ailleurs être instructif et profitable). Mais, pour pouvoir s'en rendre compte, encore faut-il le lire ou le parcourir au moins rapidement ! Le tri des informations ne doit donc jamais se faire « à l'aveugle », au risque de tronquer vos recherches et de vous priver de précieux éléments de réflexion. En tout état de cause, l'oubli d'un document pertinent vous sera toujours reproché.

table des matières

Actualité 2002-2003

Méthodologie et annales

Annales

Méthodologie

Coordination éditoriale et mise en pages
Catherine Krausz édito EURL
4, allée des Tanneurs – 93390 Clichy-sous-Bois

Achevé d'imprimer en septembre 2003
par Normandie Roto Impression s.a.s.
61250 Lonrai
Dépôt légal : septembre 2003
N° d'impression : 032262
705403 (1) OSB-SE 80g
Couverture : Patrick Verdon

Imprimé en France